La Cruz del Sur

© *Ricardo Chávez Castañeda*

© De esta primera edición 2024, La Pereza Ediciones, USA

www.lapereza.net

Directores de la colección:

Greity González Rivera

Dago Sásiga

ISBN: 978-1-6237523-3-0

Diseño de los forros de la colección:

Estudio Sagahón / Leonel Sagahón

www.sagahon.com

Portada y Maquetación Julián Herrera

LA CRUZ DEL SUR

RICARDO CHÁVEZ CASTAÑEDA

Ricardo Chávez Castañeda

La Cruz del Sur

La Pereza Ediciones

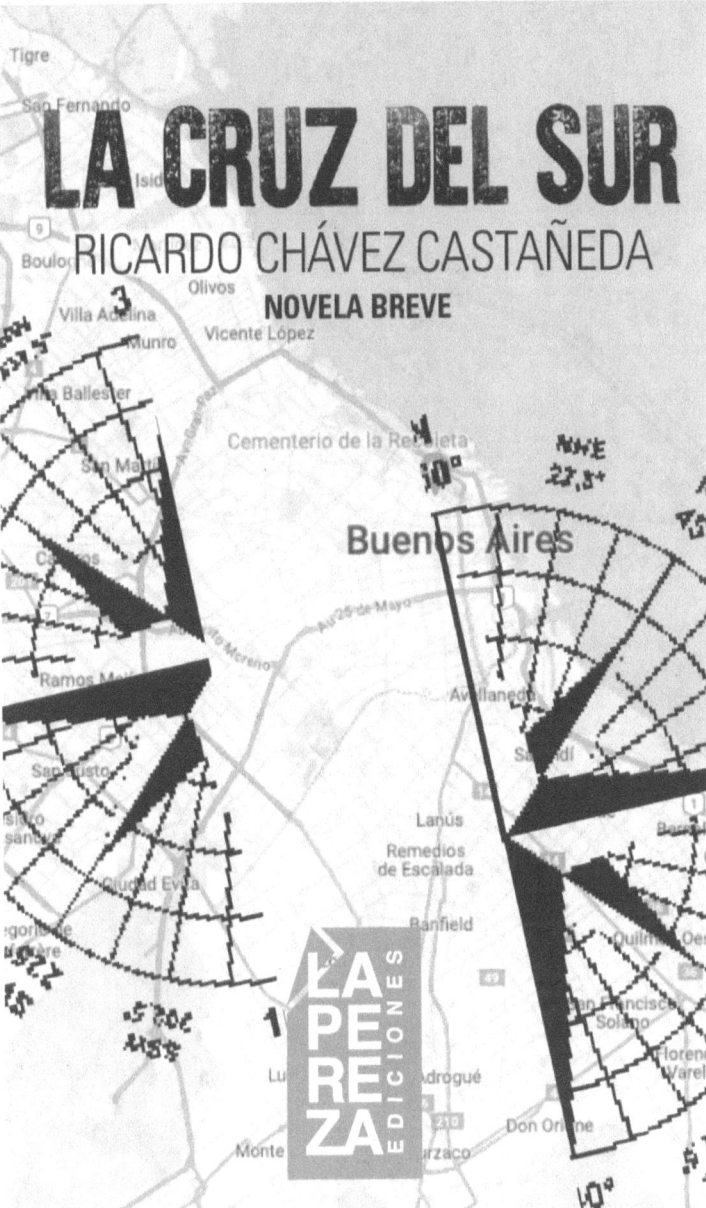

LA CRUZ DEL SUR

RICARDO CHÁVEZ CASTAÑEDA

NOVELA BREVE

PRIMER COMIENZO

¿Cuántos acontecimientos del mundo pudieron ser historias y sin embargo ocurrieron sin testigos, y entonces, ajenos a nosotros y nuestros cuentos? ¿Cuántos habrán sucedido en Argentina, por ejemplo? Siglos y siglos de inviernos crudos, grises, lluviosos, húmedos, sin que nadie se diera cuenta de cuánto pasaba de norte a sur y de este a oeste de lo que hoy llamamos "la nación".

¡Cuántos cuentos sin contar de ríos, valles, hielos eternos!

Y así seguirán, incontados, incontables, porque al ser humano sólo le interesa lo humano.

La pampa ignorada, por decirlo así; la Antártida de la indiferencia, en otras palabras; mapas que, si no hay humanidad presente o de por medio, no nos merecen curiosidad alguna.

Mapas. Milán Kundera tiene la creencia de que la literatura es una obra colectiva. Los hacedores de historias vamos —cuento a cuento y novela a novela— tejiendo un sólo producto que en realidad son dos. A cuatro, ocho, a ciento veinte mil, a doscientos treinta y cinco millones de manos, vamos desde el principio de los tiempos tramando entre todos dos grandes cartografías, cuya elaboración dio principio con la primera historia relatada en el mundo...quizá en Buenos Aires, cuando la futura ciudad aún era sólo un pedazo de tierra junto a un pedazo de río. Quehacer en eterno proceso, donde cada libro no ha hecho sino apenas ubicar dos coordenadas y dar razón de ellas a través de cien, doscientas, trescientas páginas. Un punto aquí y un punto allá en cada uno de los mapas.

El titánico y multitudinario relevo exploratorio de la humanidad y de lo humano que llamamos "Literatura" verá su final cuando una modesta escritora o un anónimo escritor, en su solitaria y silenciosa morada, ubiquen en una y otra cartografía la última convergencia faltante entre una longitud y una latitud humanas. Entonces será el mapa de las subjetividades humanas —es decir, el mapa que contempla todas y cada una de las posibilidades de ser que cada uno de nosotros tuvimos, simplemente por nacer dentro de esta especie— el que estará concluido. Y será también el mapa de las vivencias humanas —es decir, el mapa que contempla todos y cada uno de los posibles acontecimientos que pudieron sobrevenirnos en la existencia a ti, a mí, a ustedes, a ellos, a Clara y a César en realidad, sencillamente por nacer humanos— el que se habrá completado al fin. Y párenle de contar. La obra narrativa de la humanidad estará concluida. De verdad se retirarán las manos de este colosal quehacer de darnos cuenta y fin, adiós a la literatura.

Es posible suponer, aunque Kundera no lo haya dicho, un inevitable fenómeno. La sobreexploración. Coordenadas visitadas y revisitadas por demasiados autores y entonces manchas y manchas en cada mapa, por tanto exponer latitudes y longitudes, o por tanto apuntar el dedo extendido de los antiguos viajes exploratorios hacia una misma coordenada.

—¡Tierra a la vista!

¿Se imaginan? Un obstinado "tierra a la vista" sobre, por ejemplo, el amor en una de las cartografías humanas. Y en la otra cartografía, igual de frecuente, por la pura ley de la directa proporcionalidad, por ejemplo, los amantes. Una latitud y una longitud de la curiosidad humana harto visitadas. Inventemos aritméticamente el aquí y allá, digamos ciento sesenta grados tanto de la subjetividad como de la vivencia que llamamos "amor", o sea, y aquí ya digámoslo como la tortuosa y torturante sobreexploración de algo que nos rompe la cabeza, el corazón, el alma, también una convergencia, un grado más allá, llamado "El fin del amor y el fin de los amantes". Sí, los ciento sesenta y un grados de la tragedia del desenamoramiento y de los desenamorados trágicos.

Si fuese este el caso de la presente historia —como decir, si fuese el millonésimo dedo extendido hacia la fatalidad amorosa... ¡imagínenlo! manchas sobre manchas sobre manchas, en un mismo punto de la cartografía, hasta la rasgadura— entonces ustedes sabrán, aunque ellos no lo hayan sabido, que esta española de nombre Clara y este mexicano de nombre César se fueron hasta el sur del continente, atravesando una decena de países, horas y horas en tres vuelos, sólo para moverse un grado hacia la fatalidad. ¿Se imaginan? Ir hasta la Argentina para perderse y perder allí su amor.

Quizá por eso, en nuestro proceso como escritores, se nos pide —de libro en libro por escribir— la experiencia y oficio de ser humanos, proveniente no sólo de la vida, sino de la lectura. Leer lo que ha sido dicho antes sobre cada tema, en este caso, el cementerio del amor.

Poner los ojos, el corazón, la empatía, en todos y cada uno de los libros donde dos personas, como por milagro, se encuentran en las primeras páginas... sólo para terminar más solas que Dios —omnipresente, omnipotente, no sé si omnisapiente— en el final de su desgracia amorosa.

Enterarnos, como enterrarnos, a través de la literatura, en todas las maneras en que se acaba un amor y se ponen fin dos seres humanos, para no emborronar sendas cartografías poniendo el dedo sobre una misma vivencia y una misma subjetividad. Un "tierra a la vista" crónico como enfermedad, que llámese Clara —o Virginia, Camile, Nadia - y llámese César —o Alexandre o Johan o Luigi—, desemboquen del mismo modo en un punto del cementerio. ¿Para qué decirlo de nuevo?

Pero... ¿Y si topáramos con una mujer y un hombre que van por propio pie, como los elefantes, a morirse sin testigos? A voluntad moviéndose hacia el punto ciego de los dos mapas y el punto suicida del amor.

EPÍLOGO DEL PRIMER PRINCIPIO: LA ESTRELLA MALDITA

La literatura es más puntillosa que la vida. A la vida no le hace mella la abusiva recurrencia de nuestros desenlaces. La imposibilidad, la deslealtad, la infidelidad, el abandono, el asesinato. Estas cinco palabras comprenden casi todos nuestros finales amorosos. Nuestra estrella maldita.

—Lean, para ver si antes de ustedes ya se ha dicho eso.

—Lo importante es que no se repitan.

—No vayan a cometer la falla de la evocación, la influencia, el plagio.

—Tu historia me recuerda a esa otra donde...

—Nunca reescribir, nunca redundar, nunca recaer en los ripios colectivos, por favor, no nos aburran con su inocencia, con su ignorancia, con su ingenuidad.

—... aunque, la verdad, para qué escriben, si ya se ha dicho todo y mejor.

Pero... ¡Y la vida! ¡Y mi vida rota!

O dar con una historia como de elefantes y cementerios.

SEGUNDO COMIENZO

Nuestros maestros, maestros en el amor y maestros en la literatura, nos dan el tiro de gracia antes de llegar siquiera a la gracia del encuentamiento. No damos aún el beso con el cual, como a Clara y a César, la vida nos sea dada de verdad, por un instante, ni hemos puesto aún esas palabras sobre el papel con las cuales, como a Milan Kundera, la vida se nos revela, por un momento... cuando ya los maestros —maestros añosos, amargos y crueles—, claman:

—¡¿Para qué?!

Y nos venden el final de la trama y de la vida, anticipándonos nuestro triste desenlace, y violando así el principal tabú de la narrativa y la existencia:

—Te vas a morir.

Y no se refieren a la obviedad de un corazón sin latidos...

—Es más...ya estás muerto.

Se refieren al amor y a la literatura.

—Muerto en vida... No importa lo que seas... No importa lo que hagas... No importa lo que hables... No importa lo que escribas.

Y entonces sí nos dan el tiro de gracia.

—Cada amor tuyo no tiene otro destino que su extinción.

—Cada libro tuyo no tiene otro destino que la intrascendencia.

Y si se presupone que, con la desventura amorosa, no hay más nada que agregar —pensarán que nos basta con atestiguar entre los muertos la epidemia de los fines amorosos—, parecen sentirse obligados, por el contrario, a explicarnos la maldición literaria.

—Queridas mías... Todo está escrito ya.

—Ya todo, queridos míos, ha sido dicho.

Nos miramos perplejos los recién venidos al mundo de las letras (que no "bienvenidos", según se deja ver).

¿No había justamente que leer los libros que nos precedieron —pensamos— para evitarlo; evitar "el todo de las vivencias y el todo de las subjetividades" ya ubicadas en las cartografías del tema que estamos por llevar al papel?

—¡Todo! —atronan los maestros—. Métanselo bien en la cabeza: todo ha sido dicho y escrito...Dicho y escrito, además, por personas infinitamente mejores que ustedes... Dicho y escrito con la belleza, la universalidad, la verdad, queridos míos, que ustedes jamás alcanzarán a rozar.

Y por un fugaz instante, nuestros corazones cesan de latir y el zumbido que nos atraviesa la cabeza apenas nos deja oír lo que sigue.

—¿Qué pueden ustedes, si ya han sido revelados Romeo y Julieta, si ya ha sido inmejorablemente decretado el mito de Orfeo y Eurídice, si ya han sido creadas Penélope, Beatriz, e incluso Lolita, si incluso se consiguió La bella del señor, Seda?... ¿Qué les queda, pues, para inspirarse?... ¿Sus miserables amores? ¿Esa lamentable historia de amor truncada de sus padres, truncada quizá por ustedes mismos, por nacer?

Las piernas se nos estremecen, se doblan las rodillas a pesar de estar sentados.

El desvanecimiento nos sobrevendría ahora, si callaran... pero no callan.

—Llegaron tarde, queridos... Tarde... Ese es su pecado, hijos míos... Todo dicho y mejor dicho; todo insuperablemente expresado por la literatura de quienes llegaron antes al mundo.

Y levantan ellas y ellos, nuestros predecesores, las manchadas y artríticas manos; las agitan en el aire, nuestros maestros, cuya misión era la ternura de cuidarnos mientras nos hacíamos fuertes; manos en alto, como para caer sobre nosotros y quebrarnos el frágil esqueleto literario porque, al parecer, Kundera se equivocó.

—¿Ven?

Y los más dadivosos nos muestran tanto las palmas como los dorsos, con el lento semigiro de sus manos.

Son los dedos el objetivo de nuestra mirada —así en plural y no en el singular y místico "tierra a la vista"— los diez o los veinte dedos (según su generosidad) que apuntan hacia los escasos temas de la literatura.

—Aquí nos cabe nuestro pobre catálogo de temas humanos.

Y van flexionando cada uno de los dedos para inventariar.

—La muerte... la traición... La deslealtad... La decepción... La injusticia... El hambre... El abandono...

Y mientras nuestros maestros hacen la lista de los diez, doce, quince, diecisiete, máximo veinte temas dentro de los cuales el destino de cada ser humano es disputado, quienes veníamos a escribir los nuevos libros del mundo pensamos precisamente en los libros. Somos capaces de visualizarlos; los trescientos veinticinco mil libros escritos sobre la fatalidad de la Melancolía; los setecientos cuarenta y cuatro mil volúmenes apilados para mostrarnos la siempre frágil Justicia viniéndose abajo en Injusticia; los cuatro millones ciento setenta y nueve mil libros cuyas páginas son como la estela de la Muerte.

—¿Qué pueden agregar, mis hijos? — interrumpen la enumeración para preguntarnos, con sincera y bestial perplejidad.

¿Dónde plantar nuestro pie en las diez, doce, quince, diecisiete, diecinueve sendas del devenir humano infinitamente holladas?; huellas y huellas extendiéndose hasta ese horizonte ante el cual nosotros, petrificados, aprendemos a marchas forzadas a no pisar de nuevo lo viejo.

—Ah, por supuesto — concluyen con ironía—, no se olviden del caro tema del amor.

Y caen las manos. No esas avejentadas de los maestros. Caen nuestras manos, como asoladas por un otoño súbito... una estación de manos marchitas, ¿se imaginan?... O peor, manos colgando cual ahorcadas, a los costados de cada aprendiz de escritor... Manos dejando de serlo.

—El desamor— se corrige el maestro, y esa palabra sigue resonando en mi cabeza, mientras tantos aprendices siguen a sus manos y caen como fulminados, a fuerza de zumbidos, temblores, arqueos, quebraduras, descorazonamientos, hasta hacer del suelo otro cementerio.

¿Por qué yo no me vengo abajo?

¿Por qué yo no suelto ni la pluma ni el papel?... Por el contrario, de ellos me sostengo.

Sincera y bestialmente... no lo sé.

La cabeza, las rodillas, el corazón, me respaldan lo suficiente como para advertir que los diez, quince, veinte temas son, además de todo, negativos.

¿Dónde están el nacimiento, la amistad, la empatía, la ternura...? me pregunto.

Y descubro por primera vez lo que será un redescubrimiento constante en el futuro: no hay nada en común entre la vida y la literatura.

Los temas positivos no le son pertinentes a la literatura, pienso, para poder concluir:

—Lo único que le incumbe a la literatura es el mal.

¿No es eso lo que nos tendrían que decir a los aprendices en vez de vapulearnos con tantos adjetivos falsos?

—Ser originales y novedosos y singulares.

Y fustigándonos con ese sustantivo que tantas muertes debe en el arte, agregar:

Búsqueda...

Búsqueda de estilo, búsqueda de voz, búsqueda de trascendencia.

Los veinte, diecisiete, quince, trece, diez temas en donde fatalmente son abatidos los seres humanos, no pueden ser originales ni novedosos ni singulares y no requieren de búsqueda alguna; están allí, al alcance de la vista y de la mano, atravesándonos el corazón... para que intentemos hacer algo... no por ellos, los temas; sino por nosotros, los abatidos.

Cuando los recién llegados escribimos sobre la muerte, la traición, la deslealtad, es porque nuestros maestros, los sabios y tiernos maestros verdaderos, hicieron bien su trabajo y nos dejaron como herencia los únicos temas importantes, no para la literatura, sino para la vida. La decepción, la injusticia. Los temas asesinos de seres humanos, cuya senda hecha de cadáveres es mayor, mucho más ancha y muchísimo más larga que las pobres palabras dichas y escritas por nuestros impotentes predecesores. Y cuyo fracaso es evidente, si tales exterminadores, a pesar de tanta literatura, han llegado hasta aquí y hasta hoy y hasta nosotros... nosotros, en el peor lugar, en el peor momento... el presente en que tales desgracias acontecen. El hambre, el abandono. Pero somos escritores y tenemos fe en el lenguaje, y ahora nos toca a nosotros hacer el intento de contención a fuerza de palabras, de una mágica palabra tramada con mil páginas, cuyo milagro sea ponerle fin a una de las tragedias humanas. La decepción, la injusticia, el hambre, el abandono. Cercenarle a la mano oscura y huesuda uno de esos nudosos dedos que agitaba el desamor como bandera, por ejemplo, y cuyo "tierra a la vista" no era en realidad sino un "cementerio a la vista." Y que, al señalar, ordenaba ¡a morir!, ¡hacia el morir del amor! Sí, el desamor.

¿Se imaginan? Escribir una obra que le pusiera fin a la maldición de los corazones muertos en vida. Eso sería grandeza; con el perdón de Cervantes y Shakespeare, con el perdón de La Biblia y El Corán. La verdadera grandeza que, por supuesto, nada tiene que ver con la literatura.

Vale la pena la tentativa, Clara y César. Intentarlo, al menos con uno de los funestos desenlaces del amor; un tipo de catástrofe paradójicamente silencioso e invisible, donde tantas Virginias, Camilas, Nadias y Alexandres, Johannes, y Luigis, desaparecen sin causa aparente, lejos de la estrella maldita que supuestamente debería matarles el amor.

—¿Clara?

—¿César?

Quizá si yo lo hiciera bien, justamente Clara y César serían el principio de una nueva genealogía donde ningún amante viera más llegar su final a espaldas del mundo; es decir, sin testigos y por eso sin literatura, desocupando el hueco de sus predecesores, el vacío, el punto ciego del amor a donde no hemos llegado los escritores para ubicar una coordenada en latitud y longitud de quienes mueren no sólo sin ti sino incluso sin mí, sintigo y sinmigo, sinClara y sinCésar. Quienes tendrían que haber sido los portavoces del testimonio cuya verdad podría hacernos saber lo que sucedió, lo que a veces le ocurre al amor humano detrás de una puerta, del otro lado de las cortinas cerradas, al interior de cuatro paredes como trampa.

Perdón por no haberlos podido salvar.

Perdón por todos los miserables escritores de todos los tiempos que no supimos hacer nuestro trabajo.

TERCER COMIENZO

Y sin embargo hay que señalar el riesgo, porque siempre de los siempres hay un riesgo en lo que hacemos y en lo que dejamos de hacer. Si tantos amores desembocan en su fin sin un sólo testigo de su funesto desenlace, quizá así deba ser. Emparedados tras cuatro muros, detrás de las cortinas corridas de cada ventana, del otro lado de cada puerta cerrada a cal y a canto, fuera de la vida y de la literatura (que son asuntos públicos), o sea, dentro de su vida privada, en la intimidad de sus secretos, más allá de los libros (que es el silencio), ocurre el último episodio de una pareja.

Dos personas decidiendo cargar, en una completa soledad, con el peso trágico de su amor. Mi versión, tu versión, y párenle de contar. Pero ¿Qué pasa cuando sólo hay una versión de los hechos y de los sentimientos, y de la razón finalista... o, peor aún, qué pasa cuando no hay versión alguna de la catástrofe amorosa? Finales sin tigo y sin migo: es decir sin testigo y sin tesmigo; en el más absoluto de los silencios, de las privacidades, de los emparedamientos; a espaldas de todo y de todos.

¿Cuántas historias humanas ocurren sin testigo? Nacimientos, muertes, violaciones, descubrimientos, abandonos, enamoramientos súbitos... y que, de tan imposibles, acallamos; felicidades, suicidios; historias que de tan aisladas conforman un tipo de silencio humano. Salir a cazar estas historias es, pensamos, un modo de hacerles justicia, sacarlas del ninguneo y de la ignorancia y del olvido y del desdén y de la más absoluta de las indiferencias, donde perecen sin narrativa. Contar una de esas violaciones, queremos creer, es contarlas todas; relatar uno de esos suicidios, nos convencemos, es nuestra manera de hacer la compañía que no hubo, traer a la entera humanidad la compasión por uno de los suyos, que se fue sin nosotros.

Salvar historias es salvarnos.

A lo mejor por eso, hoy en día, llenamos el mundo con las trampas cazahistorias que llamamos cámaras. Ver lo que de otro modo no veríamos.

¿Hacer justicia?

¿Hacer la reivindicación?

¿Hacer la venganza?

¿Hacer la voz en el silencio?

¿Hacer la luz?

Ver

Ver lo que debe ser visto.

Ver lo que quizá no deberíamos ver.

Hacer la luz. Hacer la visión.

He aquí el riesgo en el cual incurre nuestra época: el quehacer omnipresente y omnipotente de la mirada.

Las cámaras adentradas en la vagina o sujetas al pene para filmar el coito humano son la demencia pornográfica.

Una cámara incrustada en un ataúd es la demencia necrofílica.

La cámara fija al interior de un excusado es la demencia escatológica.

La cámara en una sala de torturas, la demencia sádica.

¿Para qué traer la cámara a ciertos acontecimientos? ¿Para qué hacerlos narrativa?

He aquí el riesgo de hacer historia cuando quizá lo más humano sería hacer el silencio.

Escribir historias de amor es siempre contar la historia del fin del amor.

¿Para qué contarlas y para qué recibirlas, las coordenadas de ambos mapas, la latitud y la longitud de la vivencia desamorosa, y la longitud y latitud de la subjetividad del desamante?

¿Se cae un árbol sin testigos? ¿Muere un amor si nadie lo testimonia? ¿Quién conoce a Clara y a César en Argentina? ¿A quién le interesan estos dos tipos, que a saber lo que extraviaron en el sur del continente, en el sur del sur de su propio sur, para irse así a perder en lo más lejano de lo suyo y de los suyos? ¿Querían salirse del mapa geográfico del mundo o sólo pretendían salirse de la tercera cartografía que Kundera no supo ver?

CUARTO COMIENZO

Kundera no quiso o no pudo extender su teoría hacia una tercera cartografía. Un mapa cuyo nacimiento a fines del siglo diecinueve, y cuyo crecimiento exponencial durante el entero siglo veinte – explorado a un ritmo mayor que las otras dos, acaso consumidas por tantas centurias enfaenadas en ubicar coordenadas tanto en las vivencias como en las subjetividades humanas (ya lo dije, para inventariar lo que pudimos ser y vivir solamente por ser humanos... pero lo que ya no dije, para darnos la posibilidad de ser Clara o de ser César al sufrir en carne propia no sólo su fin amoroso, sino su completa desaparición allá en los confines del continente, como si hubieran descubierto que la Patagonia era su cementerio destinado y hubieran ido allí conscientes y decididamente rendidos al fatalismo para morir y matar la completa cartografía de sus corazones)— dio una serie de latitudes y longitudes terceras y fundamentales por lo que revelan. Hace poco más de ciento cincuenta años la humanidad descubrió que tan importante resulta ser quien eres y reconocer cuanto te ocurre, como trascendente es prestarle atención al paso de los otros, y convertirte en testigo de su otredad.

Antes del siglo diecinueve, las historias las contaba Dios. Era una voz omnipresente, omnipotente, omnisapiente, la que salía del papel, y ante la cual no existía en nuestro mundo nacimiento, abandono, enamoramiento, violación, suicidio, muerte que no pudiera no ser pronunciado. No había nada sucediendo fuera de los ojos y de las palabras de Dios. Luego, en el siglo diecinueve, se nos murió Dios, y nos quedamos solos a lo largo de todas las historias. Así nacieron las voces para hacernos cargo, codo con codo, hombro con hombro, del peso anecdótico del mundo. Desaparecida la omnipresencia, la omnipotencia, la omnisapiencia que todo lo veía, todo lo sabía y todo lo entendía, debimos aprender a confiar en simples seres humanos, quienes contaban mal, a medias, sin saber, inventando tanto como lo que veían, interpretando a fuerza de su parcialidad y su ubicación y sus límites, tramando relatos tanto con palabras como con silencios; mentirosos, ciegos, ingenuos, furiosos, inocentes, crueles, cuyas historias obligaban no sólo al qué (el qué me cuenta de la cartografía de las vivencias) sino al por qué (¿por qué me lo cuenta?) y al para qué (¿para qué quiere que lo sepa?) y al desde dónde y contra quién y según cuáles y tras qué y ante quiénes y bajo qué y por quién. La literatura de la sospecha.

¿Por quién? ¿Por Clara y César? ¿Es eso? ¿Sus coordenadas en la cartografía de quienes ojalá nunca seamos?

Kundera omitió el mapa de los testigos. No obstante y no por ello, no dio la cara a lo que yo llamo "el problema de los narradores". En su cuento El falso autoestop, relata la historia de una pareja que sube a un auto en pos de una aventura domesticada —dos semanas de vacaciones bien planeadas— pero a mitad del viaje comienzan un involuntario juego; simplemente se les atraviesa en el camino. Cuando se detienen a ponerle gasolina al auto, ella va al baño. No regresa, sin embargo; camina hacia la salida de la estación y en la entrada a la carretera extiende el brazo. Es un gesto inocente, venido quién sabe de qué voluntad, y así pide aventón a su propio novio, ahora un mero desconocido para la desconocida en que se ha convertido a sí misma.

¿Quién narrará la historia que va a sucederles a continuación, la historia increíble de su final amoroso?

Los finales amorosos suelen ser narrados coralmente; testimonios parciales tramados a muchas voces por miembros de la familia, por amigos, por vecinos. Pero a veces una pareja monta un auto o toma un avión cuando todo parece ir bien con su común unión —ni a la familia le llamó la atención nada en las últimas navidades, ni los amigos fueron obligados a escuchar intimidades que les hicieran suponer dudas o inquietudes o crisis en la relación; ni los vecinos escucharon nada que pareciera una pelea— y entonces, cuando la pareja regresa de su viaje en auto o avión ya separada, o, peor aún, cuando jamás regresa de ese viaje, no hay ninguna pieza testimonial para darle inicio al tortuoso armado del siempre incompleto rompecabezas llamado la muerte del amor.

¿Qué sucedió? ¿Qué les sucedió?

Sólo la pareja del cuento de Kundera podría contestar esa pregunta.

¿Por qué no han regresado del sur del sur de su propio sur?

Únicamente Clara o César tendrían la respuesta.

La comunidad mínima de seres humanos está hecha de dos personas.

Antes de la llegada de los hijos, esa comunidad suele asentarse en un sentimiento; el amor.

Las comunidades de dos sostenidas por tal sentimiento, en general le dan la espalda al mundo y pretenden la locura de vivir por su cuenta —fuera de las convenciones, las tradiciones, las interpretaciones, las lógicas, las normas, las relaciones de cualquier tipo que conduzcan a la tercera cartografía, y con ello a su resquebrajamiento por la invasión de los otros, más y más seres humanos con el poder de la testificación—. Y así se quedan solas con su historia. Apenas un par de espaldas, para hacer de la carga de su amor un mundo.

En el mapa de los testigos o de las voces o de los narradores, que Kundera ya no quiso o no supo ver, siempre hay una coordenada reducida, eclipsada, casi ciega, donde sólo podemos estar tú o yo; tú, Clara o tú, César; sólo esas dos posibilidades narrativas, para enterarnos de aquello que les sucedió.

Ninguno de los dos, sin embargo —ya lo dije—, está. He aquí el problema de los narradores llevado a sus extremos más inhóspitos. El problema del silencio.

QUINTO COMIENZO

No están.
Ninguno...
Más, si estuviesen, el problema perduraría.
¿A quién creerle?
Tenían ellos un poema enmarcado en algún sitio de su pasado.

Si conociéramos el punto
donde va a romperse algo,
donde se cortará el hilo de los besos,
donde una mirada dejará de encontrarse con
otra mirada,
donde el corazón saltará hacia otro sitio,
podríamos poner punto sobre ese punto
o por lo menos acompañarlo a romperse.

Si conociéramos el punto
donde algo va a fundirse con algo,
donde el desierto se encontrará con la lluvia,
donde el abrazo se tocará con la vida,
donde mi muerte se aproximará a la tuya,
podríamos desenvolver ese punto como una ser-
pentina
o por lo menos cantarlo hasta romperse.

Si conociéramos el punto
donde algo siempre será ese algo,
donde el hueso no olvidará a la carne,
donde la fuente es madre de otra fuente,
donde el pasado nunca será pasado,
podríamos dejar solo ese punto y borrar todos
los otros
o guardarlo por lo menos en un lugar más seguro.

Juanrroz

Eso es una pareja: puntos en el tiempo y, en cada punto, un par de voces, dándose cuenta y cuento de su amorosa andadura.

Si hubiesen vuelto, aunque separados, de su Patagonia, ¿por qué creerles a ellos, a los recién llegados, y no a quienes fueron en algún otro punto de su vida en comunión, a los del segundo grupo de puntos, o a los del tercero? Los portavoces de ambos instantes —el de algún pasado y este presente— supondrían, además, un regalo contra la inevitable inferencia catastrófica derivada de su ausencia. "No han vuelto porque desenvuelven ese punto como una serpentina, no volverán nunca de ese pasado que nunca será pasado, dejando sólo ese punto y borrando los otros, o quizá guardando y resguardándose ellos y a su punto en un lugar seguro".

La Clara y el César del sur del sur de su sureño Sur volverían resentidos, lastimados, hechos una perorata de lo que el otro les hizo o no les hizo, de lo sentido o resentido o no sentido, de lo bien dicho que no es sino lo bendecido y de lo mal dicho que no es sino lo maldecido, de lo que pensé y pensaste o no pensé y no pensaste; es decir, de las graves faltas y de los pecados capitales del epílogo de su vida –pensamiento, sentimiento, palabra, acto o falta en esta religión de dos– que los han orillado y despeñado hacia el peor adiós, mismo del cual, por el momento, nada sé... pero sabré, sabremos.

¿Por qué oírlos a ellos y no a quienes años atrás –por decirlo así–, en su norte del norte del Norte, dieron con el poema de Juanrroz y, leyéndolo y releyéndolo, lo convirtieron acaso en oración, en su propio rezo para no ser quienes serían y no estar en donde quiera que estén ahora?

La Clara y el César del final brillan como los puntos entre las estrellas, brillan por su fatal ausencia, así que sólo podemos escuchar sus huellas.

SEXTO COMIENZO

En la muerte de un amor sólo hay entonces dos narradores dignos de crédito: tú y yo. Y sin embargo ¿en quiénes de nosotros confiar cuando tú y yo fuimos largamente testigos de nuestro duradero amor, y fuimos dejando numerosas y detalladas huellas de nuestro paso por la tierra juntos? ¿En qué Tú de todos los que fuiste? ¿En qué Yo de todos los que fui? Las cartas dispersas aquí y allá en cajones, libros, carpetas, cuyas fechas y tintas fijan los años del intercambio de promesas de Clara y César, los regalos que se dieron y que también pueblan la casa suya como minas o boyas, listas para estallar o para sostenerlos hoy en su nostalgia, dulzura, tierna compasión, si fuese él o fuese ella quien, de haber vuelto, anduviera por allí o por allá, como elefante enjaulado, rompiéndolo casi todo con su gigantesca tristeza, quizá a excepción de esos mínimos objetos, para otros insignificantes, que les estallarían de amor hasta hacerlos caer de rodillas... elefantes, no lo olviden, sin cementerio al cual arrastrar su majestuosa gana de morirse. Cartas en donde se halla también la historia que buscamos y cuyo enigma se resume en una pregunta ¿qué les sucedió? Es decir, ¿a qué latitud y longitud de las trágicas vivencias humanas sufrieron ellos el sino del no regreso?

La casa lleva semanas vacía. Allí permanecen entonces, empolvándose, los regalos para quienes sepan leer ese alfabeto hecho de connotaciones y brillos y curvaturas y huellas digitales, senda interferida siempre por la cursilería, cuando la hay, por el lugar común, cuando lo hay, por las obviedades, cuando las haya también, porque una pareja tuvo que haber sabido evitarlas, pensando en ocasiones como esta, cuando ser escuchado significa insertar una llave en la cerradura.

Se dejan oír los chasquidos metálicos apenas audibles y luego, por primera vez en meses, se abre la puerta.

La vecina o algún amigo de confianza o yo mismo podría ser quien recogiera tales objetos de las superficies de los muebles, del interior de los roperos, de los muros de donde penden y, por supuesto, de sus mutuas cajoneras íntimas. Huellas materiales de un amor que empezaría a desbordar la mesa del comedor, derramándose hacia las alfombras, para ser leídas en sus conjuntos, en sus combinaciones, en sus secuencias, leídas hacia atrás y hacia adelante, hacia los lados, en redondo, centrífuga o centrípetamente, para permitir inferencias verosímiles y probables de lo sucedido a un amor cuando, en ocasiones, se queda solo consigo mismo.

He aquí la ironía. Un amor solo.

Cartas y regalos, como decir ofrendas, como decir sacrificios, las fotografías y los videos, las zonas de la casa deslustradas por el abuso del ser y del estar, incluso los estropicios y las grietas, las visibles e invisibles composturas, los suelos en desgaste y las paredes cuyos recuadros menos desleídos por el sol pueden ser traducidos a un alfabeto de ausencias y sustracciones. Acopiar y recorrer hasta dar cumplimiento al trabajo detectivesco, fundamentado entonces en unir lo que está con aquello que, debiendo haberse encontrado también allí, falta... una mujer, por ejemplo, llamada Clara; un hombre, por ejemplo, llamado César, hacia donde todas las huellas tienden sin dar con nadie. Clara, cuya sangre y apellidos son los míos; César, por quien no puedo, lo siento, cuñado, resentir nada que no sea la duda.

He recorrido la casa haciendo rutas, cúmulos y lecturas, pero todas las historias que consigo tramar, como extrañas constelaciones, no van más allá del veintitrés de junio, fecha en la cual cerraron la casa, tomaron el automóvil y se fueron.

Termino por aceptarlo. Si quiero acercarme a la verdad, debo hacer lo mismo: desplazarme.

Hago la maleta, guardo el pasaporte y reservo el vuelo que me lleve lejos del norte y del presente.

—Voy al sur, mamá... Voy a buscarla en su último pasado.

PRIMER PARÉNTESIS

Doce horas en el aire, fuera de los mapas y de nuestras rutas terrestres y mentales, es mucho tiempo para mantener la cordura. Desde la desaparición de mi hermana y su esposo, ya no soy yo. He tomado parte de los ahorros y he perdido parte de la confianza de mi propia mujer. En el trabajo, el permiso, no solicitado sino anunciado, corre mayor riesgo de transformarse en renuncia o en despido, con cada día sumado a esta "aventura".

—No es una aventura— es lo único que me atreví a decirle a Mirna —... Necesito saber.

Un desplazamiento, eso pude haber agregado; un desplazamiento ciento sesenta grados latitud, ciento sesenta y un grados longitud o viceversa, según el mapa del que se trate: el punto ciego del amor, el punto ciego de quien ama o es amado. Y lo siguiente lo hubiera dicho sin mirarla a los ojos.

—No es sólo por Clara... También lo hago por nosotros... Intento entenderlo... Nadie que ame debería permanecer indiferente... De algo tendría que servirnos el saber... Una investigación... Es una investigación amorosa.

No lo dije. Sólo la besé.

—Te amo.

PRIMER PARÉNTESIS
SEGUNDO INTENTO

Ir a la escena del crimen". "La reconstrucción de los hechos". "El móvil". "Buscar al culpable". La terminología detectivesca se ha puesto a funcionar desde que subí al avión; y yo me preparo para dar respuesta a la pregunta en la Argentina.

—¿Qué viene a hacer aquí? — me preguntarán, no bien llegue.

Un país de tanta desaparición no resistirá una más.

—No sé si tengo o tenía una hermana.

Cierro los ojos para impedir que el dolor de cabeza también se desplace.

Pienso en Clara.

Desde que nací, ella ya estaba aquí esperándome.

Siempre ha estado, como el sol, el cielo, el aire.

—Para no ahogarme— surge el primer gemido y la primera lágrima.

Doce horas de vuelo será mucho tiempo.

PRIMER PARÉNTESIS
TERCER INTENTO

L o que eres, lo que vives, lo que ves. Las tres cartografías literarias en las que existimos al mismo tiempo. Quien soy que ya no soy ha dejado atrás su vida, para intentar ver. Tres desplazamientos al unísono me convierten, no en explorador, detective, investigador, según la literatura, sino en la voz.

Vos en pos de la voz.

Soy un ciego, un deslenguado, un ser sin manos para asir la pluma.

Nada para contar; nada con qué contar.

La peor tragedia amorosa produce al peor testigo amoroso.

Mientras dos personas se hunden vertiginosamente en el olvido, ante la indiferencia del mundo, yo, el hermano de la vida, me desplazo dentro de la literatura, hora tras hora, en dirección al sur del planeta y al rol de quien relata.

Soy quien nada sabe; quien tarde llega.

—Dios mío— murmuro.

Y no sé a cuál de los dioses le pido misericordia. Al dios que mira por la ventana o al dios que durante siglos dio cuenta, omnipresente, omnipotente y omnisapientemente, de nuestras historias.

Soy el narrador de esta historia.

Aunque estén al tanto de Clara y César, el dios de allá afuera y el dios de aquí adentro, callan.

SÉPTIMO COMIENZO

Voy al sur y me pregunto:
¿Por qué tendríamos que prestar oído a los últimos narradores de un amor? ¿Por qué deberían ser ellos los dignos de crédito, credibilidad, creencia... ellos, cuya única virtud es ser los poseedores de su decadencia? Los poseídos.

Clara y César, ambos, han recogido en sí mismos múltiples narradores. Desbordados por la dicha o por la desdicha, he conocido a los del encuentro, a los bendecidos por el enamoramiento, a aquéllos de la crisis y a quienes empezaron a sufrir duda, a los tristísimos de la maternidad y la paternidad fracasadas, a los del nacimiento del futuro y a los de la vida para siempre, a los aburridos, a los soberbios, a los tiernos, a... Años de narrativas, y una de ellas en fuga perenne, anticipándose a la irrupción de la peor narrativa en contra, para eludirla. Una voz hecha de pánico, a cuyo testimonio prestaré oído y la haré digna de fe.

No obro distinto a la literatura. Tejer historias de amor con el hilo envenenado del desamor, del maldito final. ¿Por qué no se escribe el amor en proceso, en comienzo, en limbo o en paraíso, cuando nada se sabe aún de su triste devenir?

¿No es, en el fondo, nuestro, este problema de palear y enterrar historias en desamor? ¿No somos parte del cementerio adonde van a parar los amantes en agonía? ¿No somos, por decirlo así, tierra fértil para la muerte, sencillamente porque preferimos escuchar, no el principio, ni el medio, sino el fin de los amores? ¿Escuchas del fin, testigos del fin, y luego nos convertimos en sus portavoces, sus relatores, sus predicadores, sus creyentes? ¿Por qué no estuve más cerca de mi hermana, en los últimos años? ¿Por qué he esperado a que aconteciera su desaparición, para sentirme otra vez su hermano?

No voy por una historia; me defiendo de ella.

No me interesa la literatura ni lo que esta le ha hecho a nuestra vivencia amorosa y a nuestra subjetividad enamorada. ¿Lo que le ha hecho?... Convertirla en un subgénero: la literatura romántica.

No soy un narrador. Soy el hermano de Clara y voy en su busca. En pos de una persona y no de una coordenada de ninguna cartografía.

—Clara— murmuro—... Clara... Clara.

Y así intento quedarme dormido, en el mismo avión que tomó ella, meses ha.

OCTAVO COMIENZO

Desvarío en el sueño. No son imágenes, sino más literatura, si sobrentendemos que la literatura son palabras para ver más allá, más acá, en esa otra dirección; detrás, debajo, contra, entre.

"Saber retirarse a tiempo", dicen los deportistas, y sueño si no deberían los amantes reconocer su tiempo y colgar los guantes, salir del agua, abandonar las zapatillas, quitarse el casco, guardar el balón. El amor no es un deporte pero quizá sí un fenómeno de juventud —ímpetu, fortaleza, ardor, terquedad, resistencia—; de cuerpos rozagantes y cerebros todavía capaces de reducir el mundo; de excesos, euforias, liquidez, plasticidad; de utopías y distopías.

¿Qué darían hoy, Clara y César, por no haber llegado adonde llegaron? El punto donde se corta el hilo de los besos, la mirada mía que cesa de encontrarse con la tuya, y donde nuestros corazones saltan por los aires.

Hay otro poema de Juanrroz que yo también les heredé.

Una hebra más delgada que el pensamiento,
un hilo con calibre de nada,
une nuestros ojos cuando nos miramos.

Cuando nos miramos
nos unen todos los hilos del mundo,
pero nos falta éste,
que sólo da sombra
a la luz más secreta del amor.
Después que nos vayamos,
quizá quede este hilo
uniendo nuestros sitios vacíos.

El amor no es un deporte, corrijo el desvarío en el propio sueño... pero quizá sí lo sea la literatura. Ímpetu, fortaleza, ardor, terquedad, resistencia, un cuerpo y un cerebro apropiados para reducir el mundo.

Soy la literatura y voy tras la distopía.

No soy la literatura porque mantengo una esperanza del calibre de la nada: la utopía de un hilo que no teja una historia, sino que me lleve a una persona.

—Saberte retirar a tiempo— me murmura Clara al oído, pero me despierto para no escucharla más.

AL INTERIOR DE LA HISTORIA

La literatura casi nunca se da tiempo para mostrar el trabajo quijotesco que significa ser narrador. Se nos hace creer que la historia está allí, aquí, esperándonos, lista para ser contada.

¿Dónde está?

El hermano que soy ha llegado a Buenos Aires por Clara y, con ello, advirtiéndolo o no, por la historia misma.

No hay ninguna.

Ni la historia de la vida, ni la historia de la literatura.

He aquí lo quijotesco del asunto. Ver adonde nada hay, y además narrarlo.

Él hace lo que puede. Se ha hospedado en el mismo apart hotel del barrio de Monserrat donde pararon hermana y esposo. Ahora ya no hace frío; el invierno está de salida. Se asoma por la ventana. Salvo por mínimas alteraciones, las habitaciones son una copia, así que desde un mismo recinto mira un mismo mundo; el mundo que fue de su hermana de finales de junio a mediados de agosto. La única que hace falta es ella. Los únicos, Clara y César; y lo que sobra es él. Un hermano que, de ser otra la historia, no estaría aquí contemplando la cama adosada al muro, el televisor, el espejo, el armario, la cocineta, el refrigerador, la tarja y finalmente la puerta. Ni estaría aquí ni pensaría que, dentro de estas cuatro paredes, sucedió todo: la historia que no ve, aquello que debe suceder para que ocurra lo ocurrido; la secuencia de la desaparición.

Yo no debería estar aquí, piensa él.

Se siente indiscreto, incómodo; es algo más, una mezcla de corrupción y perversidad; peor.

No soy yo quien tendría que ver esto, piensa; no soy yo quien tendría que estar vivo, piensa.

Y no se da cuenta de que pensamientos así matan un poco más a su hermana. Una mujer que hasta ahora sólo no está (*no está sola... No sólo está*)

¿Dónde?, eso es lo que tendría que decirse.

—¿Dónde?

Se ha vuelto tan argentino, en eso de saberse entrampado. Cualquier pensamiento no es sino expresión del malestar. El mal estar por estar vivo.

¿Por qué yo?

No se lo pregunto. A eso le suenan los pasos de los vivos en los cementerios invisibles que son ciertas casas, que son ciertas calles, que son ciertos barrios.

¿Por qué no yo?

Ha demorado él un par de días en dar comienzo con los interrogatorios (¿un tacto llevado a extremos de sacrificio por despuntar desde lo verdaderamente solitario, o simplemente intentó posponer el lugar de la compasión que le toca ocupar?)

—¿La ha visto?

Con la gente del hotel no ha necesitado mostrar la fotografía.

—¿La conoce?

En la fotografía no sólo aparece Clara, sino César también. Su identidad es simbiótica. Necesitan de su mutua presencia para ser y para, de este modo, activar memorias y reconocimientos.

Sin mirar el pasaporte, el botones, los recepcionistas, la gerente, las mucamas, la cocinera y las meseras, han sabido desde el principio quién es él y qué ha venido a hacer aquí. Tiene el hermano las facciones de Clara, como un apellido tatuado al rostro. Ella en él. Ellael.

Un muerto en vida. Así se siente el hermano, sin darse cuenta que no se trata de un asunto de identidades, ni un sentimiento privativo de su tragedia. Un muerto en vida, entre los muertos en vida que caminan con él por las calles, unos y otros atrapados por una desaparición. Gigantescas telas de araña, cuyo centro es un vacío y cuyo latido, una pregunta.

¿Dónde estás?

¿Dónde estás?

¿Dónde estás?

Y cuyo silencio es el estar mal.

¿Por qué yo?

¿Por qué yo?

¿Por qué yo?

El problema de la sobrevivencia indeseada.

—Él bajaba a desayunar antes— le empezaron a decir a coro y se sentaba allá, solo, en el rincón aquél.

—Cuando ella aparecía, ya estaban sus amigos...

"Colegas", los corregía mentalmente el hermano de Clara.

—... y se sentaban juntos en una mesa. Pero él no. No podía, era obvio. Su hermana estaba como pez en el agua entre la gente, como se dice; él no. Como se dice, afuera del agua, ahogándose, hasta que se levantaba de pronto y se iba, siempre de un modo bastante grosero.

Lo que le daban los empleados del hotel al hermano, sin pedirlo, eran palabras.

—No había nada inusual. Yo entrego un cuarto hecho y me lo regresan deshecho. Si pudiera decir algo, es que ellos me lo devolvían retocado. Las almohadas en su sitio y no caídas fuera de la cama; la colcha extendida, nunca un plato sucio en la tarja. Eso sí, las toallas siempre estaban en el suelo, para que se las cambiara día con día. Un poco exagerado, ¿no? Con el perdón, yo creo que era su hermana. Ella misma fue la que me pidió que no perfumara más las almohadas. "Me provoca alergia", me mintió educadamente.

El hermano escuchaba, reconociendo y desconociendo a Clara.

—Vino... Cada dos o tres días me llevaba una botella vacía... Yo digo que sólo uno de los dos bebía... Él, ¿no?

Y el recepcionista que cubría la jornada diurna:

—Nunca comían aquí, pero hacían la siesta como a las tres... A veces se les notaba, se les había pasado la mano con las copas, ya sabe: demasiado volumen al hablar, demasiada sonrisa injustificada... Su hermana, ruborosa, casi bailaba al caminar...

Y el recepcionista de la jornada nocturna:

—Era un hábito, salir con el atardecer. Y aunque no vestían ropa deportiva, estaba claro que salían a dar un paseo. En ocasiones volvían a salir ya de noche, ya arreglados, ambos con ropas oscuras, casi siempre sin sus colegas.

Y quienes hacían la guardia de madrugada:

—A más tardar a las dos de la mañana... Aquí es horario normal: teatro y cena, cine y cena, tango y cena, librerías y cena. Nunca ebrios. Siempre educados. ¿Qué tal? ¿Qué tal? Y no como otros, cuya obvia intención es ignorarnos por lo que sea: amargura, vergüenza, crueldad. Hay quienes salen a la noche para perderse. Ya sabe. Ellos no. Invariablemente, su hermana y su marido se apersonaban casi igual de primorosos, achispados cuando mucho, y nada más. Incluso cuando se les notaba alguna fricción, guardaban las apariencias. Nada de escenas, ni de groserías, ni de ponerse mutuamente en evidencia.

Afuera del apart hotel, por todo el barrio de Monserrat, el hermano sí necesitó de la fotografía, de las dos fotografías. En la primera, aparecía ella sola con su larga cara a la Modigliani y su corte de Príncipe Valiente, flequillo incluido, de principios de siglo XX;

estampa del remordimiento, la suya, porque ahora le producía un nudo en la garganta recordar su sonrisa burlona.

—No cambias, hermana... A nadie más que a ti le gusta ese corte.

Lo que tenía ese primer retrato era un rostro inconfundible.

No sólo para él; a esa conclusión llegaría, tras varias jornadas recorriendo excéntricamente las calles y comprobando que su hermana nunca era confundida con una mujer bonaerense. La mayor parte de la gente se encogía de hombros.

—Me acordaría de una mujer así... No, no la he visto.

Y sin embargo, mantenían la mirada un segundo más en el retrato, dedicándole siempre esa apostilla visual.

—¿Cómo se le ocurre venir a perderse aquí?— le dijo una anciana, con amargura – ¿Por qué aquí?

Y se giró, enfadada, para que él no la viera llorar.

—Perdón— murmuró él, sin saber por qué o por quién.

En la segunda foto aparecían los dos, sonrientes. Ventaja y desventaja. Eran realmente así de risueños y entonces, cuando se olvidaban de curvar los labios, cambiaban mucho. Se podría suponer que su tiempo en la Argentina fue todo menos amable. Acá la gente es de poco sonreír, cosa que les habrá sido de poca ayuda para encajar en su propia imagen y hacerse reconocibles. Así que este segundo retrato, pensó, tampoco le serviría de mucho.

El hermano ya no sólo detenía a las personas en la calle, sino que empezó a entrar en los bancos, en las tiendas, en los restaurantes, con este impertinente retrato de la felicidad. Impertinente por privado, exclusivo, desdeñoso como casi todo amor, y era obvio que a la gente le incomodaba. Con un simple vistazo y apresurados movimientos de cabeza, negaban y seguían de largo, como si esta vez la desaparición no tuviera que ver con ellos.

No tiene que ver con ellos, pensaba incluso el hermano, y ahí estaba su error; el error de la mayoría, pensar que algo puede suceder en el mundo que no sea, de uno u otro modo, responsabilidad nuestra.

¿Qué hiciste, para que esta pareja desapareciera?

¿Qué dejaste de hacer?

¿Qué dijiste, ya sabes, el mal decir?

¿Qué historia les contaron en esta ciudad de los buenos aires?

Él me encararía, diciendo que la culpa es de mi hermana y de él, y por primera vez el pronombre sería como una pinza. Tocar sin tocar; mantener a la distancia; un "él" que ya nada tenía que ver con su hermana ni consigo mismo... Ni siquiera con el pronombre. Una palabra no para unir, sino para poner aparte.

—Él.

Pero el hermano no llega, aún, a la necesidad de un culpable.

—Claro que sí— dijo, de pronto, uno de los meseros en un modesto restaurante de misterioso nombre: "Ataona." —¿Qué tal andan? ¿Se fueron ya?

Y le contó que frecuentemente comían allí; a veces recién venidos del trabajo, y entonces con sus computadoras, libros, hatajos de papeles.

—En ocasiones, sin nada en las manos, y con una ropa más bien de estar... Yo qué sé....Seguro por el olor... Se impregna... En media hora sales desprendiendo un tufo a grasa, carne y sangre quemada... Nadie habla de eso, ¿ve?... Somos un país necrófilo.

Y al hermano le sorprendió, por enésima vez, lo articulados y cultos que eran los bonaerenses: filósofos, políticos y literatos.

—Nuestro perfume natural.

En una lavandería, el matrimonio que allí trabajaba también los reconoció. No pudo decir, sin embargo, nada más que:

—Una pareja muy simpática.

No le hablaron del olor de su ropa sucia, ni de los deshilados y desgastes de la tela y botones arrancados y cierres que se rompen solos, si los hubo, ni tampoco de la ropa interior apestando a deyección, pero no a sexo.

Invento; yo tampoco sé, también avanzo a palos de ciego.

—De manchas de sangre difíciles de sacar de la tela. Cada vez mayor cantidad de sangre en las ropas. ¿Qué íbamos a hacer nosotros, eh?... Dimos aviso a la policía.

No dijeron nada de esto.

—Una pareja muy simpática.

Y luego, igual que el mesero de aquel comedor de barrio:

—Salúdelos, por favor.

El hermano pudo dar con dos sitios más en donde Clara y César estuvieron. Un café y un restaurante español.

Los del café eran un par de bribones, bien hechos ya a su marginación; dos seres humanos con el tiempo contado, que mientras tanto la pasaban bien.

—¡Cómo no acordarse!... Desde entrar supimos que de aquí no eran.

Dijeron que de inmediato se sabe... Demasiada mujer para ese hombre.

—No podían terminar bien.

El hermano estuvo a punto de replicar que llevaban veinte años juntos.

—Su hermana, claro... No me mire así... No hay que ser adivino... La misma manera de mirar... Como si algo recién se les hubiese ido... Los ojos puestos justamente allí adonde ya no hay nada...

Le contaron que fueron aproximándose a la pareja, midiéndolos como lo hicimos contigo, les pidieron permiso para sentarse, ¿se puede?, que tu hermana no sólo fue educada sino accesible, dispuesta a lo inesperado, muy simpática, ¿eh?

—Él no... Qué va... Achicado, incómodo, huraño.

Y que se pusieron a hablar de aquí y de allá, de esto y de lo otro.

—Imaginar que no conocían a Moira... ¡No!... Vos tampoco... ¿Pero, de dónde venís?.... No conocerla, mirá vos.

Y que Clara y César, sobre todo Clara, les hablaron de la universidad y de los estudiantes extranjeros y de las clases.

—Hasta nos invitaron a escucharlos.

—Pero ¡¿Quién entra ahí?!... Vos no sabés.... Fronteras y aduanas dentro de la propia ciudad... Pasaporte, ¿me escuchás?... Pasa porte... "Porte su salvoconducto para pasar"... Pasa quien porte... ¿Me seguís?... Pero portar qué... No sólo dinero, en esa universidad para ricos... Porte... Portar el color del pelo, portar la blancura, portar el lustre de la piel, portar el exceso, el lujo, el desplante, la retórica, la tonada.... Podría ser, sí, lo simulás... Simular lo de ellos y disimular lo de vos... pero no funciona... Siempre acaba por notarse... Haber mamado riqueza desde el nacimiento... He ahí el pasaporte...

—Nosotros nos quedamos fuera desde el nacimiento, ¿ves?... Del otro lado las fronteras y de su residencia... Sí, residentes ... Los residentes de allá... vos, por ejemplo, y uno tan recién llegado, tan sin entender a qué mundo de mierda habés venido.

Y ambos concluyeron que Clara, ella, tu hermana, la esposa, cumplía con el perfil... Claro como el agua...

Pero el boludo ese... Claro como el agua también...Ése era como nosotros...

—Un impostor...

—Mal ha debido pasarla ahí de donde vos venís, donde vos vivís, en lo que sois.

Luego callaron y miraron, no hacia donde se van las cosas, sino hacia donde nunca se van.

—¿Por cuánto tiempo decís?

—Siete semanas— respondió el hermano.

—Pues allí está... Cincuenta días de mierda para ese embustero.

Y ambos bribones miraron al hermano.

—¿Y cómo le hizo ese de hijo de puta para acercarse a tu hermana, eh?... ¿Cuál fue su falsificación?

El hermano salió del café en medio de una contabilidad. No veinte años: él no iba a redondear y a exagerar así... Casi dieciocho años viviendo juntos... Dieciocho por trescientos sesenta y cinco... Él no era bueno para hacer cosas así...Para redondear.

—Siete mil trescientos días.... Siete mil trescientos días... Siete mil trescientos días...

Y pensaba en la impostura, en la miserable vida de simular y disimular, en los días de mierda que al final, ya en el hotel, ya con la calculadora, resultaron ser sólo seis mil quinientos setenta.

En el restaurante español había indagado antes. Así que si estaba allí por segunda vez, era para cenar. Vio entrar a la pareja septuagenaria sin prestarle especial atención. Sentado él en la mesa esquinera, a la derecha de la puerta, tenía el mirador ideal para seguir a los recién llegados.

La pareja no esperó a que le asignaran mesa. Su elegante lentitud permitió, sin embargo, que la anfitriona los alcanzara a medio camino y los acompañara el último trecho hacia la mesa, preguntándoles por su día, por los nietos, por una hija llamada Mariela. Los meseros, mientras tanto, los saludaban, no con la amable cortesía usada con él, sino con un cariño verdadero. Desde otras mesas, ciertas personas, también mayores, se levantaban o inclinaban la cabeza para darles la bienvenida.

—Gracias... Gracias... — dijo ella al sentarse.

El atrevimiento del hermano de Clara fue, en realidad, la anuencia de una mirada.

Mientras el anciano esposo se dedicaba al reconocimiento y al saludo, ya instalado en su silla, la anciana, todavía acomodándose, prestó atención al desconocido; de modo que, cuando su mirada cayó y recayó en él —una mirada que volvía y se alargaba cada vez más sin hacerle daño—, el hermano se puso de pie.

—Perdonen ustedes— dijo, y sin más les mostró la segunda fotografía, allí donde aparecían Clara y César juntos —... Quizá ustedes los hayan visto.

La mujer se acercó el retrato. El hombre empujó sus anteojos caballete abajo. Luego se miraron entre sí.

—¿Nos permite invitarlo a nuestra mesa? — inquirió ella, y con un gesto indicó al mesero que se trajera el primer plato del señor de aquella mesa esquinera suya.

Cenaron juntos.

La pareja había nacido en España, pero nunca regresaron a su tierra. Esto lo sabría después el hermano. Lo del nacer, lo del no volver. Y lo de su hija Mariela, nietos incluidos, cuya visita se alargaba ya por un mes. Y más. Habría sabido más, de no haber llegado el nieto a interrumpirlos.

—Mariela estaba preocupada— dijo, a manera de disculpa, pero en lugar de marcharse con la buena nueva, "tus padres están bien", se sentó, pidió una copa, se sirvió de la botella, vio la fotografía, se enteró de la búsqueda, se rellenó la copa de vino y, nuevamente sin brindar, se largó a hablar de futbol, diciéndoles que otra vez casi campeones y que su hijo mayor se le había puesto de verdad enfermo con la derrota, que ya era una generación entera de Argentinas en la final y de ninguna Argentina campeona del mundo.

Se llenó la copa por tercera vez.

—Seguro la hermana suya y el esposo estuvieron allí. Nadie los va a recordar, porque fue un momento para lo colectivo y no para lo individual. Así como ves a mis suegros, así salieron a festejar con mis hijos. Cada tres o cuatro días, andá, a la calle, multitudes, ¿eh?, ríos y ríos de gente feliz, inundando Buenos Aires, de la fase de grupo a octavos y de octavos a cuartos y de cuartos a semifinales y de las semifinales a la final...

Se tomó el resto de la copa de un trago.

—Luego mi hijo se enfermó.... Todos debimos enfermarnos... Pero no... Fue entonces cuando sucedió lo que no me cabe en la cabeza.... No las mismas multitudes, es cierto... Y sin embargo, cientos, miles.... ¿Para qué?

Intenta servirse de nuevo, pero la botella está vacía.

—Ya sé, ya sé... Hay muchas interpretaciones... Pero como dicen los mexicanos, a la chingada con ellas.... En hechos, ¿saben?, celebramos la derrota... Eso nunca había sucedido antes en la Argentina... Salir a bailar y a cantar porque perdimos... Mi hijo se enfermó; él no pudo salir... Más lo televisaron y está en la red.... Mientras nosotros, nuestra generación, celebramos nuestras victorias mundialistas aquí y en México, vivimos la gloria, viene este maldito día y mi hijo enfermo ve esto, aprende esto, se prepara para esto, celebrar la derrota, y se cura, su cuerpo se acostumbra, su alma se adapta, ya está.

A la hora de la cuenta, el hermano de Clara quiso pagar.

—No nos ofenda— dijo la mujer, tomándolo de la mano con las suyas manchadas, artríticas y frías—. Por favor.

Y luego él los vio marcharse.

Lo que la pareja le había dicho antes de compartirle su vida, y antes de la llegada del yerno, fue que sí, que los habían visto, allí mismo, aquí, que su hermana

Clara y César estuvieron sentados en aquella misma mesa esquinera donde estuvo él, vos, las coincidencias, ¿eh?, que no se hablaron durante la cena, que seguramente llegaron así, con la escena a cuestas y con el error de querer seguir adelante con un plan, dijo el anciano, pero ella dijo que no, que había sucedido allí mismo, antes de nuestra llegada, lo sé por el lenguaje corporal de ambos, habrá sido una insignificancia, de esas que nos toman de sorpresa, a todos nos pasa, el problema es que ellos la habían dejado crecer o no habían sabido oponérsele, y que cuando terminaron de cenar, fue cuando tu hermana rompió el silencio y que entonces sí vinieron los verdaderos, profundos, antiguos motivos del malestar. Le dijeron los viejos, la pareja septuagenaria, que durante días no se habló de otra cosa entre ellos. Imposible olvidarlo. Que Clara se había transformado. Enrojeció. Su cara se llenó de dureza. Perdió las formas, ella toda una dama, se perdió. El vino, por supuesto. Que cada palabra dicha por ella fue a parar al rostro de César como un escupitajo. Ellos no oían hasta allá lo que ella decía. Palabras como latigazos, como paladas. Enterrado vivo, ¿nos entiende?

La derrota, pensó el hermano de Clara, mientras la mesa iba siendo limpiada por los meseros, la llegada de la derrota...

Aprendes a vivir con ella o.... ¿Cuál es la disyuntiva?

Antes de irse el yerno de la pareja se acercó a él y le dijo al oído.

—Ya sabés que no nos llevamos bien con los brasileños, pero al menos ellos, en mil novecientos cincuenta, en el maracanazo, supieron arrojarse al vacío.

LA DERROTA

El hermano de Clara está fingiendo. No desde el principio, cuando de verdad viajó para saber. Todavía irá a esa universidad elitista, se pondrá en contacto con la coordinadora del programa para estudiantes extranjeros, se verán un par de veces, con el fin de hablar de las siete semanas en que Clara y César trabajaron allí.

—No sé, de verdad no sé qué ha podido pasarles... Los conozco desde hace años... Eran los de siempre.

Y, sin embargo, empezará a distraerse él con asuntos secundarios, o sea, con las personas que están a espaldas del amor, y cuyo testimonio sólo es interferencia.

—¿Y los alumnos?

—Se han ido.

—¿Y los otros profesores?

—Se han ido también.

La segunda ocasión en que se vea con la coordinadora será para que ella haga una excepción y le permita hojear las evaluaciones de los alumnos —elogiosas (y entonces, ciegas de lo que iba a suceder con sus maestros)— y para recibir de ella las direcciones electrónicas de los colegas del programa.

Un cada vez más claro desvío de la atención y de la intención en el hermano de Clara, ocurrirá cuando establezca contacto electrónico con ellos y les pida una entrevista virtual. Nada más que una cortina de humo contra sí mismo, un simulacro como trampa, una lenta, pero flagrante, asunción del rol protagónico en esta no—historia en proceso. El hermano desesperado, el familiar hecho mierda por la desaparición, el ser digno de la piedad y la misericordia abstractas ante quienes no sufren la tragedia de buscar a nadie; de la simpatía compasiva, frente a quienes han pasado y siguen pasando por esto, día con día.

—A mí me desaparecieron una hija.

—Mi padre.

—Nos íbamos a casar, ¿sabés?

Lo que el hermano de Clara va a demorarse en aceptar es que está decidiendo no enterarse.

Le está pasando lo que en la Argentina conocen de sobra: vacilar entre la esperanza y la tragedia. Mantener la duda, para que exista siempre la posibilidad de toparse con su hermana en una vuelta de la vida, o seguir adelante hacia la tragedia de un cuerpo, de una tumba clandestina, de un mar traga—humanos.

Él ya exagera, ya pierde la cabeza, ya se confunde de drama.

Lo que voy a decir ahora es, entonces, un sacrilegio al género policíaco, al arte narrativo, a la literatura toda.

Él ya no nos sirve más.

Adiós al hermano de Clara. Adiós a nuestro narrador.

DE VUELTA
AL INICIO

Estamos de vuelta en el inicio. No con el problema de qué sucedió con Clara y César, sino con el problema de quién nos lo va a contar. Adiós, pues, al hermano, con su patética pantomima, ahora que ha aceptado ir a la Plaza de Mayo, a exhibir su sufrimiento no ganado, sumándose a la marcha semanal de las madres de la blanca pañoleta. ¿Se pondrá una él también?

Nos hallamos solos de nuevo.

PARÉNTESIS SOBRE LOS LÍMITES DE LA LITERATURA

Sin la tercera cartografía que Kundera no pudo o no quiso ver, no existen ninguna de las dos primeras. Es lo que nos sucede aquí. No se trata de ningún misterio, de ninguna trama policíaca. Esto no es un subgénero literario fundamentado en el suspenso. Si nada sabemos hasta ahora, es porque no hemos encontrado quién nos ofrezca testimonio. Clara y César o Clara o César, sí, ¿pero dónde están? Una historia de amor únicamente puede ser narrada por los amantes, ¿no?, ¿no? .... ¿Y si no?

PARÉNTESIS SOBRE
LA INVENTIVA DE LA LITERATURA

Mientras Clara y César siguen desaparecidos...

Mientras el hermano de Clara se dispersa y se confunde...

—Sí, mamá... Te prometo que voy a encontrarla— dice el hermano al teléfono y, del otro lado de la línea, se deja oír el sollozo.

—...yo pienso en un problema literario.

Parece insensible, despiadado, incluso cruel.

Eso hacemos en la literatura; en todas y cada una de las artes: tomar caminos que, en apariencia, se alejan, o se desvían, o se pierden, como el mismo hermano de Clara.

Lenguajes indirectos.

Rutas indirectas.

Búsquedas indirectas.

Intentos indirectos por darle alcance a la verdad.

Se trata de saber lo que realmente ha sucedido en la Argentina para que una pareja amorosa —hecha del amor y para el amor— no haya vuelto, precisamente, ni al amor ni a su hogar, ni a sus trabajos ni a sus brazos, ni a su futuro, ni a sus proyectos interrumpidos, ni a los libros dejados con los separadores bien visibles en sus respectivos escritorios, ni a las historias que tramaban juntos para que no los separara sino la muerte, ni a cada una de las palabras que se daban, ni a cada uno de los lugares en el espacio que se habían hecho sagrados para sí, a fuerza de colmarlos de sentido amoroso.

La vida no es sólo amor, ¿no es cierto?

Los amores se acaban —nos han enseñado o hemos aprendido a fuerza de verlo— y la vida continúa.

Si su amor se acabó, si eso fue lo que les sucedió, ¿dónde están? ¿Por qué sus vidas no continúan?

Interrupción, nada más que interrupción en el norte del continente, donde la madre de Clara llora.

EL MAL

Hago una inferencia: "se trata del mal".

En las siete semanas de estancia en el país extranjero sufrieron, experimentaron, fueron alcanzados por el mal. Es decir, se hicieron el mal; inventaron el mal; cayeron en el mal.

Y, paradójicamente, esta historia que ya no iba a ser ni de misterio ni de investigaciones policíacas, tampoco va a ser de terror.

Tendría que existir un género literario dedicado al mal. No al metafísico, esotérico, religioso, sino al mal terrenal, humano. El género habría de concentrarse en nuestros encuentros con lo malo acá abajo, en la tierra, en la maldad que surge de quienes amamos, por ejemplo, o en la que brota de nosotros mismos como flores.

Si de verdad esta historia va del mal, estamos necesitando, entonces, un mensajero del mal. Eso es lo que buscamos cuando digo narrador: un portavoz de las malas nuevas, de las malas historias, un ser especializado en el mal decir.

EN BUSCA DEL MALDECIDOR

Ya no son dos personas a quienes se requiere encontrar aquí. Tan urgente es dar con ellas — Clara y César— como dar con el maldecidor. O quizá más importante es hallar a este último, si ni Clara ni César deciden ofrecernos señales de vida.

Lo único que nos restaría sería topar con este poseedor de la mala verdad, a través de la cual llegaremos, acaso, a las señales de la muerte.

¿Están muertos?

Clara, César, ¿han muerto?

El problema literario —que a estas alturas de la no historia parece impiadoso, inclemente, antipático, porque crea la brutal sensación de estarle dando la espalda a la desaparición— es la desaparición misma.

¿Cómo se narra sin vos, sin voz?

El árbol cae en medio del bosque, pero no hay ser humano alguno en las inmediaciones. No importa el problema filosófico, ocurrido o no, de tal estruendoso desplome. Por esta carencia de narrador, las aves han levantado el vuelo asustadas, corren las ardillas, varios árboles se doblan por el peso muerto del tronco caído y ramas mutiladas se han enredado con la yaciente fronda. No existe problema filosófico. Al ser humano, aun estando allí, le importaría un pito la caída de un árbol, si no le afectara en ningún sentido.

Con la desaparición de Clara y César es distinto. Imaginen a un ser humano, a dos seres humanos, desplomándose, viniéndose abajo, en medio de una ciudad, de un país, de un mundo. ¿Cómo sería posible que nadie viera o a nadie le importara ver?

He aquí el verdadero problema. No si sucedió o no, sino ¿dónde está el narrador objetivo de la tercera persona, o el narrador cacofónico, dictador, tendencioso de la segunda persona?

Me explico. ¿Dónde están todos y cada uno de los narradores que el siglo veinte se dedicó a explorar, inventar, hacer gala, luego de la muerte de Dios también en la literatura (no más omnipotencia, omnisapiencia, omnipresencia)? No puede ser que ninguno de los narradores humanizados, limitados como nosotros, parciales, no haya visto nada. ¿De qué nos ha servido llenar el mundo de narradores, si a la hora de la verdad ocurre lo que parece una tragedia y nadie sabe verla?

LA HORA DE LA VERDAD

El siglo veinte descubrió que la subjetividad retratada en una historia —la cartografía de las humanidades posibles— y el acontecimiento retratado en una historia —la cartografía de las vivencias posibles— pasaban a segundo término, ante la magia de quién daba cuenta de la historia. Allí nació, en la literatura, el encantador de serpientes. Ser seducido, dejarse embrujar por la voz, ir tras ellas, como las ratas y los niños de Hamelin. Narradores ciegos, mentirosos, impostores, escépticos, aborrecibles; narradores encerrados en la habitación de al lado, que sólo pueden testimoniar lo que ocurre por el sonido que atraviesa las paredes; narradores a destiempo, que sólo podrían contarnos lo sucedido haciendo inferencias de la escena del crimen, o de la escena de la añoranza, o de la escena de la decepción, o de la escena del desamor —la escena del desamor, si se trata de esta historia—, y reconstruyendo así los hechos. Una infinidad de narradores inventados en cien años —el niño que pasaba por allí; el pintor que, sin darse cuenta, se llevó en un lienzo la trama; la cámara del aeropuerto que lo ha grabado todo; el metiche que no ha dejado de curiosear desde el edificio aledaño la vida de estos extranjeros— ... y de pronto resulta que nadie, ninguno, estuvo presente.

He aquí el verdadero problema filosófico. ¿Por qué nos hemos permitido convertirnos en árboles? La desaparición de Clara y César es una prueba de que la literatura nuestra es un fracaso; ha reprobado, llevamos cien años extraviando el camino. Quizá, a fin de cuentas, Kundera supo y no quiso, y así tuvo la razón. La maldita cartografía de los decidores de historias es un reverendo absurdo. Cartografiar todas las posibilidades de dar cuenta de lo que ocurre en el mundo se torna intrascendente cuando nadie supo estar cerca de lo único importante: el fin del amor, el fin de dos existencias.

EL MUNDO QUE REPRUEBA

Literatura reprobada; humanidad reprobada. Tanta cámara fija en los muros para vigilarnos, tanto teléfono listo para el retrato, tanto aparato que graba y toma, y, ¿para qué?, no vimos, nada vimos. Es de no creerse. ¿Qué hemos hecho de nosotros? ¿Dónde están nuestra atención, nuestra conciencia, nuestra curiosidad, nuestra sabiduría, nuestra compasión, nuestra empatía?

Duele.

Es atroz mirarse en este espejo.

Lo siento, lo siento, no puedo más; necesito ir a estrellar la cabeza contra las paredes.

...

PARÉNTESIS
SOBRE LOS LÍMITES DE LA VIDA

Pregunté cómo narrar sin voz —es decir sin Dios (quien todo lo ve y todo lo sabe y en todo lugar está, y entonces estará con ellos, el pobrecito Dios, tan perdido también) o sin humanidad, que es una conciencia limitada incapaz, por ejemplo, de ver tras las paredes o bajo metros de tierra (imagínenlo; el árbol se cayó en el bosque por la excavación hecha para meter bajo tierra, igual que en la película, en una película, a una Clara y a un César raptados y enterrados vivos por el ser más vil e infame que se puedan imaginar), mismo que todavía se atreve a ponerse en contacto con todos y cada uno de ustedes, cuya ignorancia y ceguera es propicia para la tentación.

"¿Quieren avanzar conmigo... quieren saber?", dice el mensaje de texto o el correo electrónico, de pronto recibido por... imagínenlo; la madre, el hermano de Clara, o tú y tú y tú. "Si quieres saber, tienes que vivir exactamente lo que vivieron ellos y entonces viajar al Perito Moreno, al glaciar", y son ustedes quienes deben decidir si prefieren la verdad, saberla de cuerpo entero, conocerla en carne propia o bien optan por no saber.

"Nunca... Se los aseguro", remata el texto o el mensaje, "Nunca de los nuncas lo descubrirán solos", y ustedes y la madre y el hermano deberán decidir, como en la película, entiéndanlo, sin tener modo de anticipar si serán sedados y despertarán, como esa Clara que no es nuestra Clara, y ese César que no es nuestro César, metido bajo tierra, sólo ustedes o la madre o el hermano, por culpa de las ganas o la necesidad o la curiosidad de saber, para morirse solos, de la peor manera, rompiéndose las uñas y los dedos, por el intento enloquecido de atravesar la tapa de madera que los cubre, sin entender ustedes o ella o él dónde están, mientras se acaban el oxígeno a fuerza de alaridos inútiles, pues nadie los escuchará en medio del bosque donde los árboles se vienen abajo sin testigos. *Enterrado vivo*, se irá abriendo paso la idea, como la única luz en esa oscuridad absoluta donde están metidos, *voy a morir enterrado vivo*, y quizá piensen que eso pensó la Clara que no es Clara, o el César que no es César, aunque ellos con una ventaja que ni tú ni tú ni el hermano ni la madre tienen. Clara y César, acaso, ¿por qué no?, morirse pensando, no en sí mismos, sino en su amor: César con Clara en la mente, en la boca , en las lágrimas; y Clara con César en la imaginación y en el ruego, *tú no, amor, tú no te estés muriendo así*.

Esta historia no es la nuestra, sino la trama de una película, como dije, pero nos permite preguntarnos si de verdad quieren ustedes saber lo que le sucedió a nuestra Clara y a nuestro César aquí, y si estarían dispuestos a correr riegos— si no los mismos riesgos, otros que no signifiquen ser llevados al extremo de cobrar con la vida para ver la muerte—, acaso sí los riesgos de confrontar sus relaciones amorosas con este amor, cuyo destino, maldito destino parece ser, es desaparecer.

El pacto de credibilidad

También esto revela algo que yo mismo preví. ¿Cómo saber si el narrador es al mismo tiempo el hacedor de la historia?

¿Confían en mí? ¿Por qué?

Es un hecho que somos demasiado confiados, no sólo para poner nuestro principio de credibilidad en esa voz que nos cuenta, sino para poner nuestra propia vida en sus manos.

Confiados, ingenuos, en nuestras maneras inocentes de acercarnos a pedir una historia.

—¿La quieres?— así puede responder la voz— Te la voy a dar.

Y nadie se detiene a preguntarse si el dueño de esa voz es un narrador o un hacedor.

—Te voy a dar *tu* historia... si aceptas seguirme hasta el glaciar.

FIN DE LA DIGRESIÓN

H a sido imperdonable.

EL PROBLEMA
DE LA NO CONCIENCIA

No es una gratuidad teórica, esta en la que incurro. Por el contrario, urge. La madre de Clara no vendrá jamás, el padre de Clara no existe, nadie ha oído nunca de la familia de César, la universidad traerá a profesores sustitutos con el fin de cubrir las clases de este semestre y luego cubrirá las plazas con nuevas contrataciones y profesores permanentes, la casa seguirá cerrada hasta que el hermano de Clara haga algo antes de que aparezca quien, pregonando los apellidos de César, haya sabido enterarse de las posesiones a la deriva. Un asco, la manera en que se cierra el mundo sobre aquél o aquélla que, a voluntad o contra su voluntad, ya no ocupa su lugar en el espacio: ratas, hienas, zopilotes, hormigas, la zoologización humana lista para la metáfora... como perros.

La única esperanza es el hermano de Clara, quien ya está aquí y a quien de verdad le importa su hermana. No obstante, presiento lo que sucederá. El hermano no tiene la culpa. Es un ser débil, un hombre a medio hacer; carece del mínimo sentido común y al mismo tiempo requiere de un objetivo existencial. Se le está yendo la vida. A veces despierta por las noches y piensa, no la obtusa idea "¿por qué a mí?" de las desgracias privadas, sino el "¿por qué no a mí?" generoso, dispuesto al sacrificio por su hermana, cuando en realidad no puede más consigo mismo, con sus casi treinta años de basura, de ripios, de lugares comunes –diríamos, desde la perspectiva literaria—: paja humana. Eso ha sido hasta ahora él, de quien aquí ni siquiera hemos echado en falta un nombre y una mínima biografía (¿está casado?, ¿tiene hijos?, ¿a qué se dedica?). Indigno de interés, de curiosidad, de misterio, no habría llegado jamás a la literatura de no ser por intermedio de su hermana, siempre su hermana.

Sé lo que sucederá, porque existen precedentes. Es fácil adivinarlo. Se va a perder; extraviará el camino.

Desde otra perspectiva, será lo contrario; no un extravío ni una pérdida. "Encuentro, encontrado, encontrándose en la Argentina", así será dicho, por quienes nada saben, y nada mejor tiene que hacer que interpretar positivamente cuanto sucede en la superficie del mundo: los incendios renuevan, el tsunami puso en evidencia que no estábamos preparados, pero lo estaremos la siguiente vez, toda enfermedad es una oportunidad, al menos estamos vivos, a Dios gracias no sucedió más. "Encontrarse", dirán, entonces, quienes necesitan creer en el bien, la bondad y lo benigno de la vida y del mundo.

Habrá que preguntarle a quienes de verdad importan, a los cercanos. No sólo perdí a una sino a los dos, dirá la madre, y se referirá a él y no a César. No entiendo por qué darse a los muertos, si estamos los vivos, dirá siempre su mujer, quien es esposa y madre. Y los hijos todavía muy pequeños sólo dirán que su papá siempre se va.

LA CONJUGACIÓN INFAME

"Yéndose" puede ser peor que perderse de una vez y para siempre.

Ocurrirá porque ha sucedido antes, y los seres humanos recaemos fatalmente en hormas narrativas. El hermano, que ahora va cada miércoles a la Plaza de Mayo y marcha con las mujeres de la pañoleta oyendo, como una especie de macabro rosario, la lista interminable de nombres cuyo enigma es el mismo que el suyo– unas ellas y unos ellos, ahora nombrados, alguna vez dejaron de estar–, acabará por perderse, como aquel japonés cuya vida se convirtió en un ritual. Nueve o diez meses trabajando como esclavo en su país, para volar a España cada verano, con el fin de emprender una búsqueda, siempre inconclusa, de los republicanos desaparecidos durante la guerra civil casi un siglo atrás. Día tras día, el hermano se entera de una nueva tragedia: un hermano como él que ya no volvió de la universidad, la familia entera que fue sacada a patadas y a culatazos una noche y nunca más se le volvió a ver, los tantos y tantos argentinos que fueron arrojados tranquilamente desde aviones al mar, y otros tantos enterrados en tumbas clandestinas en la Pampa, la hermana encinta a quien le permitieron llevar a término su embarazo sólo para quitarle el bebé y dárselo a los militares de regalo, infinidad de madres exprés así, madres que tenían un crío y de pronto nada; mujeres que nada tenían y al instante la criatura en brazos y entonces "madres".

Siempre hay otras batallas. Mil millones de batallas y de frentes en el mundo. Batallas ajenas, donde puede uno ir a perderse, si es empático o carece de vida y de sentido.

—¡¿Y qué somos nosotros?!— estallará la esposa alguna vez, y se llevará a los niños con los abuelos.

—Voy por Clara— le dirá, año con año, a su madre—. Voy por tu hija.

Y tomará el avión hacia el sur del continente para abrir agujeros en la pampa o sacar huesos del océano, o dar con una nueva tumba clandestina, esta vez en el patio de una escuela.

—Los he perdido a los dos— llorará la madre, allá arriba, en el tope del mundo.

—Gracias, gracias— le dirán, acá abajo, al hermano, en el fin del mundo de otras madres y abuelos y hermanos y esposas y tantos y tantos hijos— Gracias—. Tanto agradecimiento de tantas hijas y tantas hermanas, cuyo fin del mundo se acabó.

Y el hermano sabrá que finalmente está donde debe estar.

—Gracias a ustedes.

Octavio, él se llamaba Octavio.

SIN CONCIENCIA

El problema de la no conciencia se reduce a la cuestión de cómo dar cuenta de ciertas historias sin la existencia de un narrador.

La literatura es el único arte que nunca ha intentado el absurdo de alejarse de la órbita humana para hacer su arte. La música, la pintura, la escultura, quisieron escapar del antropocentrismo, del antropologismo, ir más allá de los umbrales de la percepción humana y de la inteligibilidad humana. Indagando, por decirlo así, las infracuriosidades y las ultrainterpretaciones... y lo consiguieron: crear un arte inútil, intrascendente, vacuo, pobre, ajeno, indiferente. La literatura nunca lo intentó, porque siempre ha necesitado del ser humano en uno u otro lado de su ecuación: del suceder y de quien da testimonio. Normalmente en ambos lados hay seres humanos, pero podría no ser así. La literatura ocurre incluso de aquel lado donde está, por ejemplo, una estrella y la intención de sintetizar su vida. Siempre y cuando quien lo relata nos lo haga pertinente, interesante, significativo, relacionándonos con la estrella... y eso sólo lo consigue otro ser humano. A la literatura no le importamos sino nosotros, así que si decidiéramos recurrir al viento, a un roedor, a una estatuilla, al sol, para que nos contaran algo, entonces tendrían que atender a alguno de nosotros, de nuestra especie bípeda, lingüística, encefálica, pulgádica, conscientemente mortal... por ejemplo, a Clara y a un hombre llamado César.

Es lo que han hecho los escritores atrevidos, aventureros, exploradores, dementes. Intentar forzar los límites de la literatura. Empujar y empujar las convenciones, los explícitos y los implícitos, las normalidades, para ir más allá, siempre un poco más allá, con el fin de ver hasta dónde da la literatura sin romperse.

Extenuando bibliotecas, como diría Borges, sería posible dar con ejemplos de estos harakiris y kamikazes literarios. Ya lo dije, que el hielo eterno, por ejemplo, fuera quien contara de esa pareja entrevista en la borda de un barco; o una botella de vino cada vez más vacía en un comedor cuyos ventanales dan a la cordillera del fin del mundo, fuese quien nos relatara la acritud que fue invadiendo a Clara, cuyas palabras la fueron arrastrando, a su pesar, al mal, a hacer el mal.

Es uno de los recursos más usuales: animar lo inanimado, romper el silencio de las cosas, los animales, los elementos climáticos, obligándolos a que nos hablen y a que lo hagan con nuestros lenguajes, y a que empaticen con esta almohada que llora al decir "se durmió, ella simplemente se durmió".

Otro recurso es el de hacer hablar a los objetos de un modo más realista. Una especie de Sherlock Holmes yendo detrás, o bien llegando demasiado tarde a la escena del crimen, de la tragedia, del desamor, y entonces hurgando en la basura o en las maletas abiertas, en búsqueda, por ejemplo, de algo que hubiera podido ser usado para dañar (¿existe otro prestidigitador más poderoso que la violencia humana, para transformar una secadora de pelo, unos binoculares, una falda, en arma?), y entonces, gracias a la lucidez, a la objetividad, a la atención de este ser humano, cuya gracia está en contarnos algo que semeja un inventario, para darnos una idea de lo ocurrido en una recámara ahora vacía, por ejemplo, simplemente enlistando los rastros, las huellas, los objetos presentes, cuya suma nos dará un desenlace, dramático o no, según la flexibilidad y complicidad del mundo para haberse dejado transformar en arma (o el mundo nos odia, porque de una historia así, lo que resulta obvio es la cantidad de mundo que nos puede matar en un instante, o bien lo que se nos revela no es el odio del mundo, sino la increíble vulnerabilidad humana tan fácilmente matable, o incluso lo que se pone en evidencia es la fantástica imaginación humana para ver, en los más inofensivos elementos del mundo, la posibilidad de la ofensa dolorosa, dañina o mortal), nos entere de lo que ocurrió allí dentro en la soledad de dos seres humanos que se desencuentran.

ENTONAR
EL DRAMA

Y un recurso narrativo más, para hacernos saber de un suceso sin necesidad de un testigo, es el recurso literario del tono y de la atmósfera. Imaginen un informe de esta casa victoriana a modo de hotel en la Patagonia. Es de veras profesional, si hizo algo así. Tomar fotografías del baño, del armario, de la cama destendida, de las cortinas cerradas, de las ventanas con pestillo y de las puertas con llave puestas y echadas desde adentro, como en aquel cuento de Edgar Allan Poe, aunque en esta habitación no haya chimenea, y si hubiese que sustituir la imponente figura del gorila de la calle Morgue, habría que pensar en un gigantescamente blanco como la nada oso polar. Se los llevó la nada.

EL RASTREADOR
DE LA NADA

Y entonces habría que inventar a un especialista. Algo así como un catador de vinos o un gaucho rastreador, cuyo don sería justamente degustar las escenas.

Existe un mini género literario llamado la estampa. Es una especie de naturaleza muerta hecha con letras. Se limita a la descripción. Ni un solo verbo. Lo significativo de este "espacialista" no estaría, entonces, en lo que nombrara, sino en la manera de relacionarlo. Eso es la poesía. Unir palabras conocidas de modo que, de su unión delirante, inesperada, boba, infantil, surja algo que nunca habíamos visto. El espacialista sería un intérprete, y estaría haciendo sonar una música donde no existía, y a nosotros nos bastaría prestar atención, no a las fotografías, ni al ser humano que nos habla, sino a nuestro interior, a nuestro naciente sentimiento invadiéndonos sin explicación alguna: una triste nostalgia, la aprehensión angustiosa, un deseo de morirnos o, por el contrario, la envidia o la gratitud porque algo así pueda existir.

—¿A qué te refieres?

—¿No te das cuenta?

—Por Dios... No entiendo de qué estás hablando.

—¡Es verdad!... ¡El mito no es un mito!... La eterna juventud, el cuerno de la abundancia, la inmortalidad, la posibilidad de desandar el tiempo, estas cuatro utopías humanas siempre eclipsan a la quinta: las cinco puntas de nuestra estrella polar, cuya luz siempre nos ha servido de orientación. La quinta utopía: el amor, el verdadero amor que te hace trascender... Llámalo como quieras... Desplazamiento, tránsito, metamorfosis... Dejar de estar aquí, porque ya no es necesario estar aquí, ¿me entiendes?

—Y vivieron felices para siempre.

—Llámalo como quieras.

Y VIVIERON FELICES

Es hermosa, la posibilidad. Bellísima. César y Clara, dignos de una desaparición milagrosa y benigna, por la fuerza de su amor, para evitar así el daño que pudiese hacerles este mundo tan inclinado a armarse; para ser reintegrados, juntos, a la unidad cósmica, de cuya gracia amorosa proceden todas las vidas.

Un cuento re lindo, si pensamos que, en el hemisferio sur del planeta, la estrella polar es inalcanzable a la vista y por eso invisible.

EL JUEGO
DE LA DESAPARICIÓN

Justamente es este el verdadero problema de la no conciencia.

Todos estos recién mencionados intentos narrativos sin una voz, nacieron en la historia de la literatura como juego. Sólo eso. Juego. Los autores sustrajeron al narrador, cual si de un ejercicio se tratara, cual si de un experimento, cual si de un deporte de alto riesgo, con la única intención de probarse a sí mismos como escritores. Igual que los niños desenroscan las tapas de los frascos para meter los dedos y llevarse a la boca un nuevo sabor del mundo. Saborear la literatura sin voz narrativa, del mismo modo en que hubieran podido degustar una literatura sin personajes, o haberse deleitado con la literatura de aquí no pasa nada o, llevándolo al límite y auto inmolándose, producir el asco o la náusea de la literatura sin autor.

En realidad, nunca se trató de la literatura, ni de hacer nada en su favor o en su contra.

Se pusieron a prueba a sí mismos, como los niños meten la cabeza en el agua, para ver cuánto resisten allá abajo sin morirse. Esos niños, sin embargo, se arriesgan de verdad, porque de verdad hunden la cabeza no en una palabra, "agua", sino en el elemento frío, líquido, profundo, que intenta colárseles por la boca, por los orificios de la nariz, por los oídos, incluso por los ojos mismos. La vida.

Con la niñez de la literatura que son los autores nunca se trata de la vida, ni de hacer nada en su favor o en su contra.

LITERATURA
SIN LITERATURA

La literatura sin narrador es una imbecilidad. A nadie se le ocurriría de verdad ponerse la embocadura de una botella de vino en la oreja para ver si le cuenta algo más que el mar, ni desgarraría las almohadas de la habitación para ver si allí dentro, entre las plumas, halla una sanguijuela gigante que ofreciera una explicación inverosímil a la tragedia presentida, pero no comprobada, por causa de la desaparición de ambos cuerpos.

Esto no es un juego.

Esto no es un desafío literario.

Aquí, de verdad, no hay una historia, pero no por culpa suya, sino nuestra. Es urgente, entonces, encontrar el modo de narrarla para que no se ahogue como está, metida hasta el fondo del frío y líquido silencio.

Puede ser un asunto de vida o muerte, ¿cómo saberlo?, y por eso es vital encontrar el modo de llegar a ella.

Narrar sin narrador no es aquí un lujo, ni una valentonada, ni gratuidad alguna, ni fanfarronería, ni una pérdida de tiempo.

Es nuestra única opción, ahora que, como lo predije, Octavio ha hecho su maleta y se va al aeropuerto y se sube al avión que lo llevará con las manos vacías a su norte y a su madre, a su esposa y a sus hijos aún en casa.

Lo sabía. Vino por Clara y regresa con algo llamado esperanza. La intacta esperanza del No sé.

—¿Pero entonces qué pasó?

—No sé.

—¿Pero dónde está?

—No sé.

Ha cumplido; ha hecho lo correcto.

—Una vez volé al fin del mundo por mi hermana... la busqué hasta por debajo de las piedras.

Mentira. No quiso enterarse del abajo del mapa, del sur del sur, y se fue, en lugar de seguir descendiendo.

EL SUR DEL SUR

────── No regresemos aún— le dijo ella, hace dos meses, a César—... Si ya estamos acá abajo, por qué no seguir hasta la Patagonia.

O sea que no fue el país entero, y tampoco la parcialidad de Buenos Aires, y tampoco fue en medio de nada, como dije: dos personas cayendo como árboles en medio de la ciudad, de su vida, de su amor, y nadie fue capaz de verlos. No. Lo que sea que les haya ocurrido, fue en el extremoso polo del planeta. Clara y César se hicieron de otro par de maletas, pequeñas, sólo para meter lo necesario pensando en cuatro o cinco días, y tomaron un último avión hacia el sur del sur, el sur de su sur: montañas nevadas, llanuras blancas como ceguera, hielos eternos.

¿Quién nos va a permitir continuar descendiendo a nosotros?

EL SACRIFICIO

Las historias siempre han estado ligadas al sacrificio. Me refiero al asunto de la verdad. Octavio vino por su hermana; nosotros estamos aquí por la verdad.

La verdad pesa. Hay una creencia en ciertos lugares del mundo. No te puedes morir con las verdades a cuestas. Si no te descargas de esas verdades que llamamos pecados, te perderás para siempre. En esos lugares del mundo donde domina tal creencia, no hay confesionarios ni figuras que absuelvan en abstracto. Es decir, sin oírte. Es necesario hablar y es necesario oír. Quien ha decidido abrir la boca, debe buscar, y pagar al comedor de pecados.

El comedor de pecados era un ser humano como cualquiera de sus semejantes, antes de haber sido elegido por el pueblo como el oidor. Piensen en un retrete, en un vertedero, en un escorial; piensen en el único ser que lo sabe todo. Nunca más será una persona cualquiera y semejante. Por la gracia de recibir la desgracia de cada uno de los moribundos, se ha quedado fuera del pueblo, fuera del mundo humano. Una existencia con un terrible sentido de vida a cuestas, cuya fatalidad no termina allí. El comedor de pecados necesita encontrar, antes de su propia muerte, quien lo sustituya. El pueblo nunca más elige. Los comedores de pecado hacen relevo por sí solos, para heredarse, no sólo la mala dicción de los demás, sino el peso.

Imagínenlo. Cada nuevo comedor de pecados recibe las toneladas de mal preservadas por sus predecesores, es decir, las toneladas de mal de generaciones de seres humanos, comprimidas y sintetizadas en una pobre criatura humana, quien debe convencer a un joven de ocupar su lugar porque de morir así, cargado...

EL COMEDOR DE PECADOS

Nunca más se impone el rol. El nuevo comedor de pecados debe aceptar voluntariamente recibir el peso de sus padres, abuelas, bisabuelas y tatarabuelos, y así, hasta el sur del sur de las generaciones humanas, para salvarnos a todos.

A LA DERIVA

No tenemos narrador en esta historia.

Yo únicamente he venido haciéndome cargo de la deriva.

Aceptaría ser la voz, sacrificarme, si ustedes no sólo se limitaran a escuchar.

¿Están dispuestos a escucharme, a recibir el peso, a convertirse de algún modo en comedores de algo que a saber si es pecado?

Quien no acepte puede cerrar los ojos, cubrirse las orejas, dar la espalda, girarse sobre sus talones y simplemente marcharse, como Octavio, con la cobarde salvaguardia del No sé.

SÉ

¿Les cuento que fue idea de Clara ir a la Patagonia para ver los glaciares?

¿Les cuento que en el glaciar llamado Perito Moreno se encontraron con un azul que no conocían, escucharon los estampidos de aquello que tenía como destino la eternidad, pero ahora moría lanzando alaridos, y que contemplaron el espantoso desplome de toneladas de azulado hielo perpetuo, ahora blanco cadáver?

¿Les cuento que la eventualidad de nunca volver —desaparecer del paseo en el barco, o de extraviarse en la infinidad de rutas hechas en la ladera, para admirar desde la montaña la impresionante vista del glaciar— es prevista, aceptada y facilitada por el gobierno argentino, evitando cualquier conteo y posterior balance entre los visitantes que llegan, como en el texto de Cortázar sobre el metro bonaerense, y aquellos que finalmente terminan por irse?

¿Les cuento que, durante horas, Clara y César brillaron por su ausencia y, mientras se perdieron de vista, hubo tiempo de pensar en la demencia de quien viene al fin del mundo para intentar soldarse con el hielo y así perpetuarse sin degradaciones, cuerpos incorruptos hasta el final de los tiempos, como monumentos a sí mismos, sobre todo si se hace en pareja, imagínenlo, Clara y César para siempre abrazados dentro del azul de no creer, inventando una variante para la quinta utopía estelar, no de "Y vivieron felices" sino de "Y felices murieron", con el propósito de nunca llegar al fin —sacar su amor del mundo, y así salvarlo de la descomposición y de la putrefacción a fuerza del verdadero sacrificio loco de los amantes que es darlo todo, es decir, dar su uno, por su amor en dos?

¿Les cuento que éste podría ser otro paraje propicio de la historia, donde les convendría a ustedes bajarse e irse si, como el glaciar, prefieren ustedes eternizarse en la credibilidad amorosa, a pesar de los espantosos tronidos y de las aterradoras visiones de lo que se viene abajo, y que no es sino la fe transitando y mudándose en confianza, y la confianza resbalando a su pesar hacia la ultravalorada duda? Duda que si en la vida cotidiana propulsa la curiosidad y en el plano filosófico genera la sabia actitud escéptica, se sufre como una reverenda mierda tricéfala — la mala curiosidad, la insaciable duda y el aborrecible escepticismo —si se trata del amor. Y es que, una vez llegados allí (¿Clara, me amas... Sólo eso me importa sabes, si me sigues amando?)—, lo que sigue después de la fe y de la confianza y de la duda en la gradual pérdida de la credibilidad es la caída libre hacia la desconfianza, y de allí al recelo, y de allí a la amargura, y de allí al cinismo, hasta el fondo del fondo de la indiferencia.

¿Les ayudo a ustedes a no llegar hasta acá protegiendo su credulidad?

¿Les cuento que las historias de la vida, en contraposición a las historias de la literatura, se detienen, dejan de funcionar como los viejos autobuses o los viejos relojes, inmóviles en un giro de rueda o manecilla, y por desesperación uno levanta la cabeza, queriendo escapar de los malos presentimientos, y descubre que acá abajo del planeta, en el sur del sur, en el sur de sus respectivos sures, uno tiene que olvidarse de la estrella polar y ponerse a buscar a marchas forzadas la Cruz del Sur que, a pesar de su nombre, es una estrella, el punto de luz capaz de guiarnos acá abajo, para no perdernos, para no perderte, mi amor?

¿Les cuento que, a pesar de todo, y quizá gracias a su cruz, llegaron al hotel a la hora del ocaso, que fueron los únicos comensales, que verdaderamente hubo una botella cuyo vino desaparecía copa tras copa en boca de Clara, y que fue justamente de su boca de donde empezó a surgir, como lo presintió aquella mujer mayor del restaurante de Buenos Aires, el mal, y este mal era como esos pañuelos anudados y coloridos de los magos, escandalosamente reales, resentimiento tras resentimiento brotando a tal velocidad de la boca amada, que ni Clara ni César fueron capaces de sostenerse en el equilibrio de su fe o de su confianza, ante tal andanada mordaz, hiriente, sarcástica, amarga, cruel, cínica, hasta que la copa se estrelló; así, simplemente, ya sin líquido, sin mano que la sostuviera, y cuando tocó el suelo sencillamente se hizo estrellas?

ESTRELLAMIENTO

Eso, precisamente, nos pide el recurso poético —estrellarse— y cuya magia hemos dejado de ver por el sobreuso de la imagen: el suelo lleno de estrellas para que seamos capaces de buscar y ver, o nuestro norte, o nuestro sur, en esas estrellas de abajo, en esas luces del piso, cuyo destello más intenso —una latitud más una longitud— nos salve de nuestra ceguera, de nuestra inconsciencia, de nuestro furor, de nosotros.

—¿Y qué vas a hacer, César?

¿Les cuento que eso dijo Clara, con una mueca de absoluto fastidio, al entrar en su habitación ciento setenta o ciento setenta y uno, y lo repitió al sacarse las zapatillas, con dos ridículas patadas al aire, que a punto estuvieron de hacerla caer y estrellarla en la alfombra — ¡¡Qué!!—, gritándolo, ya sin signos interrogativos, al sacarse la falda y al desplomarse en la cama, como un árbol serrado en medio del bosque, sin testigos, pues César era protagonista, más no portavoz de esta historia —¡¡¡Qué vas a hacer!!!?

¿Les cuento que César quiso salir de la habitación y del hotel y del sur del sur, pero hubiese muerto de frío, o sea, de eternidad, sin completar siquiera los mil pasos, detenido como los autobuses o los relojes, a medio giro de una historia de vida y no de literatura, y de un pensamiento hecho pregunta (¿entonces, por qué estás conmigo?), así trabado para siempre en tal interrogante sin respuesta?

¿Les cuento que un suelo, cuatro paredes y un techo, son una trampa donde se pierde la cabeza y, como las gallinas, se corre a tontas y a locas, lanzando arcos de sangre, sangre como pañuelos anudados fluyendo de boca de un mago?

¿Les cuento que, con esos pañuelos—palabras—sangre, César se fue quedando solo, abandonadamente solo, no a la intemperie de la Patagonia, sino a la intemperie de su alma sin estrella, en la completa desolación de una disyuntiva, mientras doblaba y redoblaba la secuencia ridícula de pañuelos, cuya magia verdadera es la increíble capacidad humana para transformar cualquier objeto que llegue a sus manos o a su boca en ofensa, en ofensiva, en arma?

¿Les cuento que, en la historia, el suelo, las cuatro paredes y el techo se convirtieron en opción "A" contra una opción "B", o sea en trama y trampa de un conflicto (las complejas historias humanas simplificándose a fuerza de estupidez: de la estupidez de un cuerpo ebrio, semidesnudo, abandonadamente de espaldas, indefenso por el ahogamiento a voluntad de la conciencia, y la estupidez de otro cuerpo en furia, abandonadamente ofendido y ofensivo por el ahogamiento voluntario de la conciencia; ambos estúpidos y con el cuello listo para recibir los giros y los giros de los inofensivos pañuelos hechos nudo, tú o yo, tú o yo girando esta idea, la única idea en el corazón y las manos de César, una idea sin cabeza lanzada a todo correr y a todo medio creer, ciegamente dentro de su alma; una pura duda, la entera actitud filosófica del escepticismo, lista para responder la verdadera cuestión filosófica de los amantes en su extinción amorosa: ¿te salvo del fin poniéndote fin, te salvo del fin poniéndome fin, o me salvo con tu fin o con mi fin?)?

DESPUÉS DEL FIN

Y aquí está la curiosidad, nuestra cruel curiosidad, nuestra paradójica curiosidad indiferente, misma que quiere estar, más no intervenir.

El narrador —y entonces, siempre, sí, Kundera se equivoca— es fundamental en las cartografías, porque si hay alguien que puede interrumpir el fluir eterno de la tragedia humana, es ella, la voz; es él, el portavoz.

Todo maldecidor debería hacerse responsable de su mala dicción y, como una ruptura de la heredad y del relevo maldito, no elegir un sucesor, sino cerrar la boca, dientes contra dientes, hasta amputarse la lengua, misma que cae al suelo sin estrellarse, para no dejarle caer a nadie el peso de la maldición.

EN EL CORAZÓN DEL FIN

¿Les cuento que Clara y César continúan en la habitación, porque a veces los maldecidores tendrían que correr todos los riesgos, y no sólo callar para no extender el mal por el mundo, sino detener el mal, interrumpirlo, impedirlo, como una increíble glaciación entre los ciento setenta grados de latitud y ciento setenta y un grados de longitud, sí; un increíble azul, del suelo al techo, y de pared a pared, donde una mujer duerme eternamente, y un hombre, sentado a su siniestra, parece velar por su larguísimo descanso, en una perpetua y monumental imagen del amor?

ÍNDICE